SIN TIEMPO PARA DECIR ADIÓS

Lidiar con la tristeza, la ira y la injusticia después de una muerte trágica

JANICE HARRIS LORD

Dedicado a aquellos que ayudaron a que otros puedan vivir mientras sufrían la perdida de alguien amado

Con agradecimiento reconocemos el regalo de vida proporcionado por los donadores y sus familias.

Compassion Press
Una división de Compassion Books, Inc.
Burnsville, North Carolina

SIN TIEMPO PARA DECIR ADIÓS

Publicado por:
Compassion Press • Una división de Compassion Books, Inc.
7036 State Highway 80 South, Burnsville, NC 28714
828-675-5909

Copyright 2012, Janice Harris Lord

Todos los derechos reservados. Prohibida su reproducción o transmisión total o parcial por cualquier medio, sin el permiso escrito de los publicadores.

Publicado originalmente en Inglés bajo el título *No Time For Goodbyes*, Copyright 2006, Janice Harris Lord.

Deseamos expresar nuestra gratitud al Departamento de Policía Metropolitana de Nashville y el Condado de Davidson, el Programa de Intervención de Apoyo a las Víctimas de Tennessee por los servicios de traducción al español, financiado mediante un convenio con el Estado de Tennessee, el Departamento de Finanzas y Administración, la Oficina de Programas de Justicia Penal, que fue apoyado por la concesión de una subvención #Z0000485802 otorgada por la Oficina de Asistencia Judicial, la Oficina de Programas Judiciales, el Departamento de Justicia de los EE.UU.

Library of Congress Cataloging-in-Publication Data

Lord, Janice Harris.
 [No time for goodbyes. Spanish]
 Sin tiempo para decir adios : lidiar con la tristeza, la ira y la injusticia después de una muerte trágica / Janice Harris Lord.
   p. cm.
 Includes bibliographical references and index.
 ISBN 978-1-878321-38-1 (alk. paper)
 1. Bereavement--Psychological aspects. 2. Violent deaths--Psychological aspects. 3. Grief. I. Title.

BF575.G7L6618 2012
155.9'37--dc23

2012037825

ISBN: 978-1-878321-38-1

CONTENIDO

Capítulo Uno
Su dolor es único — 7

Capítulo Dos
Duelo y aflicción después de un trauma — 23

Capítulo Tres
La muerte de un hijo — 47

Capítulo Cuatro
La muerte de un hermano o hermana — 59

Capítulo Cinco
La muerte de un compañero, pareja o amante — 75

Capítulo Seis
La muerte de uno de los padres — 85

Capítulo Siete
La muerte de un amigo, colega o compañero — 93

Capítulo Ocho
Suicidio — 99

Capítulo Nueve
Los Días festivos — 115

Capítulo Diez
Espiritualidad — 123

Capítulo Once
Asistencia psicológica profesional — 137

Capítulo Doce
El sistema de justicia penal — 149

Capítulo Trece
Asuntos financieros — 177

Capítulo Catorce
Conclusión — 197

Capítulo uno

SU DOLOR ES ÚNICO

Un ser querido ha muerto, tal vez en un choque vehicular o en un accidente extraño, quizás lo asesinaron. Tal vez esta persona se quitó la vida. Acaso le fue arrebatada la vida en un desastre militar o en un acto terrorista. Probablemente, usted sufra un dolor demasiado profundo como para poder expresarlo con palabras. Aunque haya comenzado su largo camino para sentirse mejor, esa clase de dolor aún permanece como un claro recuerdo.

Es posible que la muerte no haya sido algo nuevo en el momento de este fallecimiento. Durante su vida, puede haber perdido familiares o amigos debido a enfermedades terminales o vejez. Raras veces resulta fácil aceptar la muerte. No obstante, la mayoría de los seres humanos se recuperan, y con el paso del tiempo los recuerdos de los buenos momentos reemplazan los recuerdos tristes de los últimos días.

Esta muerte es distinta.

Es probable que la muerte súbita y violenta que le arrebató a su ser querido se diferencie totalmente de sus experiencias anteriores. Pocas tragedias familiares, si es que existen, son tan traumáticas como la muerte de un ser querido a causa de un homicidio, un suicidio o algún accidente terrible. Puede sentir más enojo que nunca antes y más tristeza de la que creía posible. Puede tener pensamientos que causan temor. Puede hacer cosas raras. Puede tener miedo de "enloquecer".

No se asuste. Pocas personas enloquecen al experimentar un duelo traumático. No obstante, el paso por este sufrimiento puede ser tan abrumador que empieza a dudar de su salud mental.

La mayoría de las personas pueden aceptar el hecho de que los "accidentes" ocurren. Pero una muerte repentina se parece poco a una muerte esperada. Más traumática aún es la muerte que llega de manera repentina y violenta. En los casos de víctimas de crímenes, quienes quedan atrás tienen dificultades para comprender la realidad de que otro ser humano eligió actuar negligentemente o seleccionó una víctima para tratarla brutalmente. No tiene ningún sentido.

Tal vez se sienta marginado por familiares o amigos que parecen rechazarlo porque no comprenden las razones por las cuales le resulta tan difícil sobreponerse. Tal vez ellos desconocen la diferencia entre "morir" y "ser matado". Tal vez no se dan cuenta de que el simple hecho de visitarlo y abrazarlo significa más que las palabras. Los servicios o programas diseñados para ayudar a que las personas sobrelleven muertes esperadas pueden parecerle superficiales.

Las familias nunca pueden estar preparadas para la muerte violenta o repentina de un ser querido. Tampoco están preparadas para hacer frente a semanas, meses y hasta años de espera hasta que se resuelvan los casos penales, las reclamaciones al seguro y los juicios civiles. Algunas veces, los individuos e instituciones que deberían brindar apoyo fracasan. Desafortunadamente, muchos de quienes intentan ayudar, entre ellos algunos profesionales que deberían estar mejor informados, no comprenden que el duelo después de una muerte traumática, como en el caso de un homicidio o un suicidio, es un proceso intenso y prolongado para la mayoría de las personas.

Cada persona vive su duelo de manera diferente. Aun cuando la reacción de cada persona a lo sucedido es única, los estudios indican que los sobrevivientes con pérdidas similares se suelen beneficiar al compartir los viajes del dolor de otras personas.

La forma de vivir el duelo depende de diversos factores:

- La manera en que aprendió a sobrellevar situaciones estresantes en su vida antes de esta tragedia;

- La calidad de la relación que tenía con la persona fallecida;

- Su grado de éxito al tratar con el sistema de justicia penal, las compañías de seguros y el gran número de otros sistemas a los cuales debe enfrentarse en el período posterior a su tragedia;

- Sus creencias religiosas y tradiciones étnicas;

- Su capacidad personal de recuperación o habilidad para reestablecer el equilibrio después de acontecimientos angustiantes;

- La cantidad de apoyo que recibe de familiares y amigos mientras vive el duelo, y...

- Su salud física y mental.

Aunque parezca sorprendente, es cierto que unas pocas personas pueden manejar las situaciones traumáticas bastante bien. Pueden regresar a una vida plena poco después de la muerte de un ser querido. La mayoría de estas personas tienen la ventaja de contar con el fuerte respaldo de familiares y amigos, y una reserva considerable de buenos recuerdos de la persona fallecida. Muchas de estas personas creen que el espíritu de su ser querido sobrevive. Sin embargo, la mayor parte de las familias tienen dificultades para sobrellevar la muerte de una persona asesinada, aún quienes creen que el espíritu de su ser querido continúa viviendo.

Muerte esperada

Examinemos por un momento lo que sabemos sobre el dolor posterior a una muerte esperada y no violenta. Esto ayudará a que comprenda algunas de sus reacciones únicas al homicidio o al suicidio. Es tentador calificar a la muerte esperada y no violenta de "normal", aunque pocas personas en duelo se sienten "normales" aún en el mejor de los casos. No obstante, una persona que conoce por adelantado que la muerte se acerca puede reaccionar de manera diferente a usted.

Cuando las personas se enteran de que la muerte de un ser querido es probable, tal vez no lo crean al principio. Pueden buscar distintas opiniones médicas para asegurarse de que la situación es verdaderamente mala y lo hacen con toda la razón.

A medida que comienzan a aceptar que la muerte es realmente inminente, pueden sentir enojo. Tal vez se enojen porque la ciencia moderna puede desarrollar máquinas milagrosas como las computadoras, pero no puede encontrar una cura para la enfermedad de su ser querido. Pueden sentir enojo con Dios por permitir la muerte. Pueden orar fervientemente para que Dios intervenga, y luego sienten frustración si parece que Dios no responde a sus plegarias.

Pueden sentirse tristes y deprimidos al enfrentarse con el hecho de que su ser querido va a morir. Pueden anhelar que esta persona reciba alivio a medida que observan el deterioro de su cuerpo.

Cuando finalmente aceptan la realidad de la muerte inminente, la persona agonizante y la familia tienen la oportunidad de expresar sus sentimientos mutuos, solucionar problemas y relacionarse con afecto y honestidad durante los últimos días.

Aún así, hasta en el mejor de los casos, los sobrevivientes se suelen sorprender al pasar por las mismas reacciones de incredulidad, enojo y tristeza después de la muerte. La resistencia de los seres humanos emocionalmente saludables a la muerte propia y ajena parece formar parte de la naturaleza humana, y es como debe ser.

La muerte inminente puede acercar o distanciar a las personas. Cualquiera sea el caso, se cree que este tiempo de preparación amortigua el impacto de la muerte. A pesar de su tristeza, muchas personas sienten alivio cuando el sufrimiento termina.

Según la mayoría de los estudios, aceptar una muerte esperada generalmente lleva de tres a veinticuatro meses. Algunas veces toma más tiempo. Algunas personas descubren que si se "inclinan" hacia el sufrimiento, permiten que sus emociones fluyan y hablan abiertamente sobre su pérdida se podrán deshacer gradualmente de buena parte del dolor. El luto activo ayuda a sobrellevar el dolor. Las personas que intentan negarlo y fingen que no pasó nada pueden tener más dificultades.

Muerte traumática

Su experiencia puede diferenciarse bastante de la recién descrita porque la muerte de su ser querido llegó de manera repentina. No tuvo tiempo de despedirse o de decir "Te amo".

> "La parte más triste es que murió sola. No hubo un último 'Te quiero' o 'Gracias' o 'Realmente valoro todo lo que haces'. No hubo sonrisas tiernas o palabras de afecto. Sólo gritos. Gritos que hicieron eco en los aposentos vacíos de mi mente donde la risa supo reinar".
>
> – *Tammy Luke, cuya amiga, Laura Porter, falleció.*

Muerte violenta

Su ser querido puede haber encontrado una muerte violenta. Tal vez su cuerpo fue mutilado por un disparo o una herida de cuchillo. Tal vez se trató de un choque vehicular causado por una persona que eligió conducir demasiado rápido o en estado de ebriedad. Presenciar las consecuencias de una muerte violenta puede resultar extremadamente difícil.

Posiblemente le interese saber que cuando las personas sufren heridas graves, se suelen encontrar en estado de shock y no sienten dolor de manera inmediata. El cerebro produce sustancias químicas que paralizan las reacciones físicas y emocionales. Muchas personas que se recuperan de heridas graves comentan que pasó cierto tiempo antes de que sintieran dolor, aún cuando perdían y recobraban el conocimiento de manera intermitente. La mayoría no recuerda el momento del impacto, ya sea un choque automovilístico, un disparo u otra clase de experiencia traumática

Por tal razón, su conmoción al enterarse de la tragedia pudo ser realmente más aterradora que la experiencia de la persona fallecida. Aún así, tal vez piense que pudo haber hecho algo para evitar que el cuerpo de su ser querido sea profanado de esa forma.

Los seres humanos tienen personalidad, y muchas personas creen que además poseen espíritus o almas. Pero los cuerpos también son importantes. Usted lamenta la pérdida de la personalidad y el espíritu de su ser querido, y al mismo tiempo la pérdida de su cuerpo viviente. Usted lo vio. Lo tocó. Sintió cómo la tocaba. Lo extraña. Esta pérdida es de naturaleza biológica y puede hacer que la gente reaccione de manera primitiva.

Para mi hija muerta

Bella hija, hermana, amiga y compañera del corazón;
Niña del alma, Eros, musa y espejo.
Beso el arco de tus pies,
Tus pequeñas manos frías, tu párpados lívidos.
Una gota de sangre de tu frente tersa
Lamo, como una madre animal,
Maullando, acariciando con el hocico, aullando
Sobre su cachorro.
Loca de dolor.
Acaricio tu cuerpo, ya pesado,
Que supo tener tal ligereza y gracia,
Su calidez dorada ahora se vuelve amarillenta.

No. ¡No eres tú!
No estás aquí.
Busco, mi querida, en todas partes.
Mis pies adormecidos recorren a tientas senderos en los bosques.
A través de aguas compartidas mi cuerpo se mueve.
Floto sobre el río de tu cabello oscuro.
¡¿Estás ahí?
Atrapo el aire.

-Anita Huffington, cuya hija fue asesinada.

Usted no sólo extraña el cuerpo y la presencia viva de su ser querido, sino que también puede sentir culpa porque no pudo protegerlo, aun cuando sabe que no es responsable de lo sucedido.

Debido al estado del cuerpo de su ser querido, quizás no pudo verlo en el hospital o la funeraria. Si así fue, ahora hace uso de la fantasía para imaginarse como se veía. Muchas personas descubren que las imágenes de la muerte que formaron en su mente fueron peores que en la realidad, cuando posteriormente miran las fotografías de la investigación o las fotografías tomadas en el consultorio del médico forense o en la funeraria. Tal vez decidió no ver el cuerpo o alguien le dijo que no podía. Tal vez sus creencias religiosas o étnicas le prohíben verlo. Muchos grupos religiosos no miran el cuerpo de los difuntos, a excepción de unas pocas personas que preparan el cuerpo para el entierro. En el cristianismo y otras religiones, se acepta e incluso se fomenta ver a la persona fallecida. Independientemente de la razón, puede tener dudas persistentes sobre si su ser querido está verdaderamente muerto si no vio el cuerpo. Puede encontrarse esperando que la persona entre a la habitación o llame por teléfono en cualquier momento. La mayoría de los sobrevivientes se sienten de esta forma durante cierto tiempo, pero es más probable si no vio el cuerpo de su ser querido después de la muerte.

La mayoría de las personas que eligieron y pudieron ver a su ser querido se alegran de haberlo hecho. Si quiso ver o tocar pero no pudo hacerlo, es probable que deba buscar otros medios para confirmar la realidad de la muerte.

> "Michael estaba en muy mal estado, con numerosas heridas en la cabeza. No permití que sus tres hermanos menores entren a la habitación del hospital. Ahora lo lamento. Al intentar protegerlos, los privé de la última oportunidad de ver a su hermano con vida. Aunque el ataúd estaba cerrado al público, nuestra familia pudo ver y tocar el cuerpo antes del funeral. Su hermano James de 15 años colocó su llavero y borla de graduación en el bolsillo de la camisa de Mike antes de que cerráramos el ataúd".
>
> – *Rita Chiavacci, cuyo hijo de 19 años, Michael, falleció.*

Por lo general, los directores de funerarias le ofrecen a los familiares todas las opciones posibles para ver el cuerpo de su ser querido. La mayoría de las personas saben lo que desean hacer. Si el director de la funeraria describe el estado del cuerpo, los familiares suelen tomar la decisión acertada sobre si verlo o no. No todos los miembros de la familia eligen lo mismo. Si este fuera el caso, se debe respetar la decisión de cada persona.

Además, se alienta a los directores de funerarias a tomar fotos de la persona fallecida en su estado final. Es probable que los familiares que eligen no ver el cuerpo de inmediato deseen mirar fotografías semanas, meses o años después.

Existen otras opciones para quienes no tuvieron la oportunidad de ver el cuerpo. Los investigadores de las oficinas de la policía, el departamento de bomberos, el médico forense y el fiscal suelen tener fotos. Pero estas imágenes puede ser cruentas y gráficas porque no fueron retocadas como las fotografías de estudio. Estas instituciones, por razones de compasión, pueden ser renuentes a permitir que los familiares vean las fotografías. Si tiene importancia para usted, debe mostrarse firme en su pedido. Además, debe comprender que no podrá ver fotos que pudieran ser utilizadas como prueba hasta que los procedimientos legales finalicen.

La organización *Parents of Murdered Children* recomienda el siguiente procedimiento para ver fotos de la persona fallecida: se alienta a quien desee ver las imágenes para que lleve a la persona de apoyo más cercana a la institución que permitirá ver las imágenes. Se pide a la persona que se encuentra al cuidado de las fotos que coloque cada una de las mismas en un sobre separado, ordenándolas para que la fotografía menos violenta o desagradable se encuentre arriba y las más perturbadora al final. Se muestra la primera fotografía a la persona de apoyo y luego se pide que la describa al amigo o miembro de la familia principal. Esto le brinda dos fuentes de información al observador principal: la descripción de la foto hecha por la persona de apoyo y su observación de la reacción a la foto de ésta persona. En base a esto, el observador principal puede tomar una decisión suficientemente informada sobre si desea mirar la fotografía o no.

Con frecuencia, solo se miran una o dos fotos, pero el familiar puede elegir llevar copias de las demás a su hogar para verlas más adelante. Si el caso penal finalizó y ya no existe una necesidad legal de proteger las fotografías dentro de la institución, la familia debería tener el derecho de verlas.

La observación de los cuerpos en la escena del crimen es un tema similar. Después de la administración de atención médica de emergencia y del registro correspondiente de la escena del crimen por parte de la institución policial, los sobrevivientes deberían tener la posibilidad de ver, tocar y abrazar el cuerpo de su ser querido. Las personas a cargo deben describir claramente el estado del cuerpo para que los sobrevivientes tomen una decisión informada. Por otra parte, la mayoría de las personas saben lo que quieren hacer cuando conocen lo que van a ver.

Es muy raro que un sobreviviente exprese arrepentimiento después de que se permitió que vea o toque el cuerpo de su ser querido. La mayoría agradece la posibilidad de hacerlo.

En la actualidad, muchos hospitales permiten a los familiares estar presentes y tocar a su ser querido durante el proceso de morir, presenciar las medidas de auxilio, y permanecer con el cuerpo todo el tiempo que deseen si la persona muere.

En algunos casos, un ser querido descubre el cuerpo en el lugar de la muerte. Frecuentemente, los familiares son los primeros en hallar a las víctimas de asesinato o suicidio. Algunas veces, los familiares o amigos son testigos de los accidentes vehiculares. Conmoción, insensibilidad y furia son reacciones naturales en la escena de una muerte violenta por la falta de tiempo para prepararse psicológicamente. El lugar de una muerte traumática puede dejar una impresión visual y auditiva abrumadora y duradera porque los cambios de la química cerebral durante el estado de shock crean recuerdos imborrables.

Los consejeros profesionales con experiencia en imágenes producidas por experiencias traumáticas pueden ayudar a las personas que tienen una fijación con la escena de la muerte. Esto se logra mediante apoyo emocional a medida que se describe la experiencia y se utilizan técnicas específicas para ayudar a disminuir el horror del recuerdo. Con ayuda, los recuerdos positivos del ser querido reemplazan a los recuerdos angustiantes. Por lo general, estas técnicas resultan más útiles en el caso de trauma relacionado con un incidente aislado que con experiencias traumáticas repetidas tales como la violencia familiar.

Muerte prematura

Una muerte repentina nunca ocurre de manera oportuna. Ya sea en el caso de fallecimiento de hijos, parejas, padres, hermanos, hermanas, amigos o abuelos o padres ancianos, el golpe puede ser devastador. La muerte siempre es triste, pero la falta de tiempo para prepararse psicológicamente acarrea más complicaciones en el proceso de duelo.

Su hijo

Si su hijo murió, también puede sentir que perdió parte de usted mismo. Su instinto como padre de brindar cuidado y protección permanece, pero el mismo no tiene a dónde ir. La muerte de un hijo es terriblemente dolorosa. Usted esperaba morir antes que su hijo. La reversión de este modelo natural no parece correcta. Esto se aplica tanto en el caso de fallecimiento de hijos jóvenes como de hijos adultos. Su hijo siempre es su niño.

"¡No! Mientes,
¡No puede ser!" grité,
Mientras corría de un lado a otro golpeándome la cabeza.
"Lo lamento," respondió el policía,
"pero su hijo no sobrevivió.
Está muerto."
"Dios mío, ¿cómo es posible?"
grité yo.
"¡Sólo tenía diecisiete años!"

– Florence (Mickey) Mikalauskas, cuyo hijo murió.

Su pareja

Si su pareja murió, se encuentra de pronto con la pérdida de su mejor amigo, su amante, su socio financiero, su confidente principal y el otro padre de sus hijos. La obligación de tomar decisiones importantes individualmente, de mantener a la familia y de lamentar la muerte de un ser querido, todo al mismo tiempo, puede parecer una responsabilidad mayor de lo que puede soportar.

"A las 7:30 mi esposa falleció a mi lado. Nunca la vi consciente. Aún tengo pesadillas sobre ese momento. Siento que la defraudé. Desearía tan sólo poder haberla mirado a los ojos y haberle dicho, 'Te amo'.

Ahora se acerca nuestra segunda Navidad sin Michelle... No existen palabras para expresar el dolor que atravesé durante este año junto a mis tres hijos: Erika, de 7 años, Kimberly, de 5 y Jeffrey, de 2. Las niñas todavía tienen pesadillas. Jeffrey nunca conoció a su madre. ¿Cómo se puede explicar el corazón roto y los sueños deshechos?"

– Joseph Lawrence, cuya esposa de 35 años murió.

Su padre

Si uno de sus padres murió, sin importar la edad que tuviera, usted lamenta profundamente que la muerte fuera tan poco digna. Muchas personas dicen "Tuvo una vida buena y plena", pero usted siente culpa porque nunca le dijo, "Gracias por darme la vida" o "Adiós" o "Lamento tanto que tu muerte fuera así".

"El 12 de febrero fue un día muy largo, el más largo. La visita sorpresa de mi madre se convirtió en tragedia. Ahora, dos días después y con los ojos enrojecidos, estoy sentada en el avión llevando el cuerpo de mi madre de regreso a casa. ¿Cómo decirle a tus hermanos, 'Mamá está muerta, murió en un accidente innecesario?

Había tenido un año difícil y como siempre Mamá venía a consolarme. Y ahora éste es el último vuelo de Mamá de vuelta a Iowa. Fue tan rápido, tan innecesario. La extraño tanto que apenas puedo soportarlo".

– *Barbara Brodt*

Su hermano

Si uno de sus hermanos murió, puede sentir culpa por el simple hecho de estar vivo, aunque sepa que es irracional. Los hermanos comparten una larga historia y tienen mucho en común. La muerte de su hermano puede recordarle su propia mortalidad. Si pudo morir en un instante, también le puede suceder a usted. El dolor que atraviesa a las familias como un remolino mientras intentan sobreponerse puede hacerle sentir que el hijo equivocado falleció.

"Dale, me alegro por el tiempo que compartimos. Me alegro de que estuviéramos cerca. Pero lamento tanto que nunca más volveremos a reírnos o pasar buenos momentos juntos. Siempre te voy a querer y nunca voy a dejar de extrañarte. Simplemente ruego que ningún otro hermano tenga que sentirse como yo en este momento. Hay un espacio vacío en mi interior que nada puede volver a llenar. Nadie puede ocupar tu lugar".

– *Debra Mumblo, cuyo hermano murió.*

Su amigo o colega

Si murió un amigo o colega, usted puede sentir que se ha ido su propio hermano. En esta sociedad móvil y vertiginosa, los miembros de una familia pueden encontrarse distanciados geográficamente o emocionalmente. Puede sentir a sus amigos y colegas más cerca que a su familia. Si trabajaron juntos, probablemente conversó con su colega casi todos los días, es decir con mayor frecuencia que sus visitas a la mayoría de sus familiares.

> "Que mi maravilloso y joven amigo pudiera ser muerto a tiros en un instante me destrozó. Aunque sabía que debía consolar a su familia, al mismo tiempo necesitaba desesperadamente que la gente reconozca que mi dolor también era válido".
> – *Kimberly Rowland, cuyo amigo fue asesinado con un arma de fuego.*

La muerte absurda

Otro elemento difícil en el duelo de un ser querido es lo absurdo del acto suicida, homicida o negligente en sí mismo. Puede comprender que los cuerpos se deterioren con la edad o que aún no se haya descubierto una cura para ciertas enfermedades. No obstante, la mayoría de las muertes violentas son intencionales o causadas por negligencia. Alguien tiene la culpa.

El asesinato es el ataque intencional y brutal de una víctima involuntaria. El suicidio se diferencia únicamente por el deseo de morir de la víctima. Aunque las familias de los militares son conscientes de los riesgos relacionados con el combate, la mayoría espera que su ser amado regrese al hogar.

En su intento de encontrarle sentido a lo absurdo, usted busca a quien culpar. Muchos criminales estuvieron presos o recluidos con anterioridad. Usted piensa que, si hubieran permanecido allí, se podría haber evitado esta muerte. No comprende las razones por las cuales el sistema judicial no logró proteger a su ser querido de este asesino.

La mayoría de los choques vehiculares son causados por la decisión de una persona de actuar de manera irresponsable. Cerca de la mitad son provocados por conductores ebrios. La mayoría se relaciona con el exceso de velocidad. Muchos son causados por personas que se niegan a detenerse y descansar y luego se quedan dormidos al volante. Estudios recientes muestran la presencia de somníferos recetados en la sangre de muchas personas que no estaban en condiciones para conducir. Pocos choques son verdaderamente accidentales. La mayoría de ellos se podría haber evitado.

Una de las perdidas más difíciles y complicadas para las familias es el asesinato cometido por una persona conocida: la niñera que mata al niño, el adolescente que mata a su pareja, el amante celoso que mata a su ex pareja, el conductor ebrio que mata a un miembro de su propia familia.

Si conoce al asesino, puede sentirse desconcertado por reacciones confusas y contradictorias. Puede sentir culpa por no haber decidido intervenir antes del hecho. Resulta difícil culpar a una persona conocida. Puede sentir preocupación por lo que vaya a suceder con el criminal en los sistemas judiciales civil y penal. Uno de los aspectos más difíciles del duelo consiste en saber que se pudo evitar la muerte de su ser querido.

Frustración producida por la justicia penal

La mayoría de las muertes violentas obligan a la familia a involucrarse en el sistema de justicia penal. Los complejos procedimientos necesarios pueden resultar difíciles y frustrantes. Tal vez no comprenda por qué el Estado requiere una autopsia. Una autopsia se realiza para establecer la causa exacta de la muerte, lo cual se convierte en un elemento clave del juicio penal. Las autopsias no siempre son necesarias después de un suicidio, pero si la investigación descubre interrogantes relacionados con la intencionalidad, se puede ordenar una autopsia para descartar el homicidio como causa de la muerte. Es posible que lo excluyan de reuniones y audiencias a las cuales usted cree tener el derecho de asistir. A menos que se muestre firme, tal vez no lo involucren en la toma de decisiones durante momentos cruciales del caso penal. Consulte el Capítulo 122 titulado "El sistema de justicia penal" para enterarse de cómo convertirse en una parte activa de este proceso.

> "Me comuniqué con la oficina del Fiscal de Distrito aproximadamente dos meses después del asesinato de mi hijo. Tuve la impresión de que mi presencia y mis preguntas eran una molestia para el Fiscal Auxiliar a cargo del caso. En mi opinión, mis hijos son seres humanos y no simplemente informes sobre el escritorio de alguien. ¿Estaba tan equivocada al querer que el asesino de mis hijos fuera a juicio?

No me comunicaron la fecha del juicio y me enteré únicamente cuando apareció en el periódico. No me permitieron estar en la sala del tribunal porque mi presencia podía influir en el jurado. Pero el delincuente estuvo presente durante todo el juicio. Los miembros del jurado nunca vieron fotos de mis hermosos hijos y nunca supieron quien era yo mientras permanecí sentada sola en el pasillo durante los tres días que duró el juicio".

– *Mary Mitchell, cuyos hijos, Bart, de 5 años, y Gayla, de 7, fueron asesinados.*

Dificultades financieras

Su seguridad financiera puede verse en riesgo después de la muerte de un ser querido. La atención médica de emergencia y los funerales son costosos. Es posible que haya faltado al trabajo durante varios días o semanas. Puede tener dificultades para concentrarse al regresar al trabajo. La reducción de su productividad puede amenazar su seguridad laboral, o tal vez haya perdido su empleo. Quizás pagó el viaje de familiares para que asistan al funeral. Todo esto requiere dinero. El Capítulo 13 titulado "Asuntos financieros" brinda varias recomendaciones prácticas para obtener asistencia financiera en caso de muerte.

Temas espirituales

Aunque nunca haya pensado demasiado acerca de "la vida", "la muerte" o "Dios" en el pasado, tal vez piense en estos temas ahora. Por el contrario, tal vez pensó mucho sobre temas espirituales y se dedicó a prácticas religiosas que le brindaron un sentimiento de seguridad emocional y espiritual. En este momento, sus prácticas y creencias anteriores pueden parecer inadecuadas. Quizás esta sensación de marginación le causa desesperación. Le tomará tiempo y esfuerzo reconstruir sus creencias y prácticas espirituales para reconciliarlas con esta tragedia. Puede consultar el Capítulo 10 sobre Espiritualidad para profundizar en este aspecto de su experiencia.

Resumen

No he pintado un panorama agradable de las secuelas de una muerte repentina. Usted sabía que su experiencia no era para nada "agradable" cuando abrió este libro. Su pérdida fue inesperada. Fue violenta. Fue innecesaria. Fue prematura. Tal vez lo sumió en un complejo sistema de justicia penal. Tal vez se encuentre de pronto en apuros financieros. Y tal vez tenga dificultades para reestablecer una fe o filosofía que le brinde sustento.

Este libro no tiene como fin apabullarlo o dejarlo perplejo. El objetivo consiste en ayudarlo a comprender las razones por las cuales su reacción de dolor se diferencia de otras anteriores. Y ayudarlo a comprender las razones de su enojo cuando otras personas le dicen que debe "seguir adelante con su vida".

No se asuste si llora al leer este libro. Sólo quiere decir que necesita llorar. El duelo y el luto suelen incluir llanto. Es doloroso pero saludable. La mayoría de las personas sienten algo de alivio después de llorar porque las ayuda a conectarse con partes de sí mismas que no podían alcanzar de otra forma. Además, se ha demostrado que el llanto elimina toxinas almacenadas por el cuerpo en momentos de estrés elevado. La composición química de una lágrima derramada por un profundo pesar se diferencia considerablemente de las lágrimas que nos genera, por ejemplo, picar una cebolla. Los seres humanos poseen la capacidad de llorar por muy buenas razones.

Una mejor comprensión de los aspectos únicos de su dolor traumático no cambiará sus sentimientos hacia el ser querido, pero le permitirá sentirse más cómodo con usted mismo. Asimismo, puede permitirle tomar las palabras de otras personas con pinzas si sus expectativas no se adaptan a su experiencia personal.

Lo que deseo recordar de este capítulo

Capítulo Dos

DUELO Y AFLICCIÓN DESPUÉS DE UN TRAUMA

Todos somos vulnerables a reacciones emocionales profundas después de una experiencia traumática. Estas reacciones son respuestas naturales ante un evento anormal. En otras palabras, es bueno sentirse mal. Los seres humanos con buena salud emocional no deben sentirse "normales" o "bien" cuando suceden cosas terribles.

No obstante, es muy importante recordar que usted era fuerte antes de que sucediera esta tragedia. El tipo de persona que era antes determinará en gran medida cómo reaccionará ahora y la prontitud con la que comenzará a sentirse mejor. Si tiene buena salud física y emocional, si tuvo una buena relación con su ser querido, si tiene una red de amigos que lo apoyan, si se siente básicamente que controla su vida y si tiende a ver una crisis como un desafío en lugar de una catástrofe, puede comenzar a sentirse mejor más rápidamente que aquellos que no son tan afortunados.

No importa cuán "cercano" esté pero comenzar a recuperarse de una muerte traumática e inesperada requiere paciencia y esfuerzo. Nunca será exactamente igual al pasado pero estará mucho mejor de lo que posiblemente esté ahora. Mejorar significa poder:

- resolver problemas y realizar tareas de su rutina diaria nuevamente.
- dormir bien y sentirse renovado nuevamente.
- sentirse lo suficientemente bien con usted mismo para tener esperanza para su presente y futuro
- disfrutar las cosas placenteras y hermosas de la vida.

Probablemente podrá lograr estas cosas con el paso del tiempo. Para la mayoría de las personas no tarda semanas, sino meses y hasta años. Las investigaciones actuales indican que para muchos sobrevivientes, el proceso de duelo después de una muerte súbita y violenta es muy doloroso durante tres hasta cuatro años.

Algunos creen que olvidarán a su ser querido si comienzan a "sentirse mejor". A dejar de preocuparse. Nunca lo olvidará. Siempre atesorará el recuerdo de su ser querido. Siempre se lamentará de no haber compartido su vida con él/ella por más años. Con el tiempo, recordará los momentos felices más frecuentemente que los momentos dolorosos que ahora invaden su mente.

Las teorías de las etapas no funcionan

Hay personas que han escrito sobre "etapas del duelo" y al mismo tiempo tratan la muerte, incluida la muerte súbita de una persona. La mayoría de nosotros conoce las etapas de Elizabeth Kubler-Ross: negación, enojo, negociación, depresión y aceptación. La investigación de la Dra. Ross se basó principalmente en niños que iban a morir en el futuro cercano y sus padres. Morton Bard y Dawn Sangrey son los pioneros en investigaciones sobre la victimización del crimen. Utilizan estas etapas: desorganización inicial o conmoción, lucha o retroceso y reajuste. La investigación de la Dra. Therese Rando, una de las investigadoras contemporáneas más conocidas de nuestro país sobre el duelo habla de tres etapas: evasión, confrontamiento y reanudación.

Las "etapas" del duelo afectivo pueden ayudarnos a reconocer los componentes de este duelo pero debemos recordar que las etapas no son firmes, concretas ni predecibles. Sugieren tendencias que pueden ayudarlo a sentirse más normal a medida que lee sobre ellas. Sin embargo, estas tendencias deben considerarse descriptivas no prescriptivas. Son prescriptivas si comienza a creer que no está realizando el duelo correctamente al no reflejarse en una secuencia de etapas. La sobreexigencia de las etapas descuida la vida en su totalidad. Una "etapa" puede variar por mes o por hora y su reacción en un determinado momento puede verse afectada por lo que está haciendo, con quién está y una cantidad de otras circunstancias.

Podrá afrontar su trauma como un individuo único, reconociendo que usted es diferente de todos los demás que experimentan el mismo tipo de trauma o uno diferente. El significado de su rol en esta muerte, incluido lo que puede enseñarle, es único y exclusivo de usted. Sea gentil y paciente con usted mismo. Con el tiempo, cuando logre ayudar a otros en circunstancias similares, recuerde que su reacción ante el duelo no será la misma que la suya. Por ejemplo, es doloroso intentar presionar a las personas para que pasen de una "etapa" a la otra. Es fácil pensar que la "negación" o la "conmoción" representan una debilidad del carácter y que las personas deben "enfrentar lo que sucedió". Eso no es necesariamente cierto.

Reacciones comunes antes una muerte súbita

Los siguientes componentes no son "etapas". Son componentes de la experiencia del duelo que muchos sobrevivientes experimentan de vez en cuando. Pueden experimentar algunas o muchas de ellas. No obstante, lo que debe recordar, es que son comunes.

Negación / Conmoción / Aturdimiento

La negación es algo hermoso. Es la forma de la naturaleza de resguardar el impacto total de un trauma hasta que la persona está lista para asimilar la totalidad de lo que sucedió. Ante la noticia de la muerte violenta de un ser querido, la mayoría de las personas se sienten muy desprotegidas para comenzar la abrumadora tarea del duelo.

Puede entrar en conmoción después de saber lo que sucedió. La conmoción es similar a que les suministren un anestésico general. Con la ayuda de un chorro de adrenalina, endorfinas, opioides y otros químicos para el cerebro, puede trasladarse a un modo primitivo de supervivencia. Su reacción inicial puede haber sido "luchar", "volar" o "paralizarse". Tanto hombres como mujeres secretan una hormona llamada oxitocina cuando están bajo estrés. Algunas veces denominada "la hormona del amor", esta es la misma hormona que las mujeres liberan en grandes cantidades después del parto. Provoca ganas de abrazarse y parcialmente el motivo por el que las personas que han perdido a un ser querido súbitamente aprecian que los abracen y tengan contacto corporal con ellos. Los investigadores han descubierto que el estrógeno de una mujer amplifica la efectividad de la oxitocina aunque la testosterona del hombre limita esta acción.

Experimentar cualquier o todas estas reacciones no significa que usted sea anormal. Si algunas de ellas se vuelven tan dominantes que le impiden funcionar bien considerablemente, puede necesitar ayuda profesional. De lo contrario, si se siente un poco separado de usted mismo o si se siente un poco desconectado, intente dejar que estas reacciones sigan su curso. Es interesante que en tiempos de guerra, cuando las tropas saben que el enemigo se acerca, sacan los carteles de las calles y los indicadores, señales de tránsito y otros indicadores de identificación para confundir al enemigo. Usted puede sentir que todos los indicadores que lo han ayudado a encontrar su camino ahora ya no estén. No se preocupe. A la larga volverán y está bien si no los encuentra ahora.

No obstante, si se queda en un estado de alta conmoción emocional, tal vez sienta que desea pelear todo el tiempo, es posible que necesite ayuda profesional que le ayude a calmarse. Los oficiales de policía que comunican las muertes dicen que es muy común que los sobrevivientes entren en un estado primitivo de supervivencia. Alguien que tiende a ser un "luchador" puede atacar físicamente a la persona que notifica sobre la muerte cuando se encuentra bajo estrés. Aquellos cuyas reacciones ante el estrés es "volar" pueden desmayarse o correr para escapar de la situación. El término "paralizado por el susto" se utiliza para describir a aquellos no pueden reaccionar.

"Eran las 12:30 a.m.. del 10 de junio cuando me llamaron del hospital diciéndome que mi hijo, John, había sido herido. Como estaba sola, la policía vino a recogerme. Todo el camino hasta el Massachusetts General, los dos oficiales delante de mí hablaban sobre cosas triviales. Nadie me dijo nada. Cuando llegamos al hospital, me preguntaron sobre el seguro y luego me llevaron a una habitación sola.

Me senté sola diciendo el Ave María en voz alta para romper el silencio y la tensión. Finalmente un joven médico, obviamente cansado e irritado, ingresó a la habitación, y se sentó en la camilla y me dijo 'Su hijo ha muerto'. Eso fue todo.

'No sé qué decir', dije entrecortadamente como si estuviera preparada para tal suceso. Salí corriendo del hospital y afuera grité, grité y grité".

– *Margaret Grogan, su hijo John fue apuñalado en el corazón en la fiesta de graduación.*

"Recé todo el camino al hospital, 'Por favor, Dios, al menos dale cinco minutos más'. Pero era demasiado tarde. Como enfermera registrada, he tenido que comunicar a las personas que su hijo había muerto. Es algo a lo que uno nunca se acostumbra. Pero nunca imaginé que tendría que caminar en una sala de emergencia y que mi esposo me diga: 'Oh Dios mío, Sally, nuestro bebé ha muerto'. Vi desaparecer a un hombre bueno ante mis ojos. Sentí a mi hijo de 15 años golpearme, implorándome que diga que su hermano no estaba muerto. Vi a mi hija desmoronarse y decir: 'Mamá, quiero encontrar el tipo que hizo esto'".

– *Sally Jeanes, su hijo Jason de 18 años fue asesinado por un conductor ebrio.*

Sin importar el impacto inicial, si usted es como la mayoría de las personas, se encontrará prontamente en un estado de aturdimiento. Volviendo a recordar ese momento ahora, puede preguntarse cómo conservó la calma. Pudo haber realizado algunas tareas que ahora parecen imposibles. Probablemente se le ha hecho difícil recordar exactamente lo que hizo durante esos primeros días.

> "Tuve problemas para entender lo que estaba pasando y las enfermeras me miraban fijamente. No quería pensar en los muchachos y lo que les había sucedido. Yo estaba viva. Tal vez ellos también. Las palabras parecían volar en el aire mientras trataba de ser coherente sobre ellos. Palabras como 'muerto' y 'autopsia' flotaban en el aire. No las quería escuchar. Pero todo lo que pude decir fue, 'Por favor, no me digan cuántos de ellos están muertos'".
>
> *– Betty Jane Spencer, recordando su estado antes de que le dijeran que sus cuatro hijos habían muerto violentamente.*

Durante ese tiempo, las personas frecuentemente comentan lo "fuerte" que eres. Una de las partes más tristes de un trauma es que las personas asumen que uno es fuerte pero en realidad el cerebro simplemente nos ha puesto en espera. Uno puede parecer fuerte pero se siente como un robot mecánico. Cuando la conmoción desaparece y necesita desesperadamente de los amigos, ellos posiblemente ya han retomado sus vidas de manera normal, creyendo que usted está bien y que no necesita más apoyo.

> "Durante los primeros meses, estaba en una nube. Tenía millones de recuerdos del pasado pero solo creía que la mitad de ellos eran reales. Los amigos comentaban sobre lo valiente que era y lo fuerte y calmada que estaba. Lo que ellos no sabían era que yo todavía no había comprendido por completo la magnitud de lo que había sucedido".
>
> *– Barbara Kaplan, fue herida gravemente pero sobrevivió en un tiroteo donde dos de sus amigas murieron violentamente.*

Esta sensación de que usted está desconectada de sí misma y otros es natural y funcional. Es importante atravesar esta parte de su duelo a su propio ritmo e intente no preocuparse por ello. Le hará bien hasta que se sienta más fuerte y mejor para poder sobrellevarlo.

Algunas personas piensan que algo anda mal en usted y tratan de forzarlo para que enfrente la realidad. Es imposible que lo presionen a experimentar algún componente del duelo simplemente para "superarlo". Si no puede pensar claramente, si parece olvidadizo y se siente distante, tenga paciencia con usted mismo. Si necesita ayuda con las tareas esenciales, pídala. Sin embargo, tenga mucho cuidado con tomar alcohol y medicamentos sedantes recetados. Pueden llevarlo a un estado irreal de aislamiento. Permita que su propio cuerpo compense el trauma.

Miedo/Vulnerabilidad

Muchos familiares se sorprenden de enterarse que sus seres queridos se sienten ansiosos, temerosos e indefensos en el periodo subsiguiente a una muerte súbita. Aunque supiera que este tipo de tragedias ocurrían, puede haber creído que les sucedían únicamente a otras personas. Antes del trauma, es posible que se sintiera excepcionalmente invulnerable. Eso no le sucedería a usted.

Después de la muerte violenta de un ser querido, puede haber sentido que la vida estaba tan fuera de control que se encontró esperando que sucedieran otras tragedias. Es extraño cómo tendemos a creer que las cosas buenas pasan a las personas buenas y que las cosas malas pasan a las personas malas. Usted ahora sabe que esa creencia es falsa.

Es posible que sienta que usted y sus seres queridos sobrevivientes sean más vulnerables a los problemas que otras personas. Deberá pensar racionalmente y esforzarse mucho para arriesgarse a estar en multitudes aun cuando eso lo atemorice. Poco a poco puede sobreponerse a estos miedos. Es desesperante darse cuenta que el asesino no sólo destruyó su ser querido sino que dañó la parte de usted que antes era segura y despreocupada.

> "El hecho de poder haber sido asesinado me golpea con fuerza. Me siento indefenso y desestabilizado. ¿Tendría miedo de todos los desconocidos? Veía a los extraños como posibles asesinos. Envidiaba a los que caminaban con confianza en los demás. Tenía miedo de ser débil y temerosa".
>
> – *Jean Goldberg*

"Si piensa en ello, todo lo que hacemos en la vida depende de que los otros actúen de manera racional y predecible. Cuando uno se sube a un automóvil y conduce, pone mucha confianza en los demás conductores de la carretera. Pero ¿qué sucede cuando esa confianza desaparece? Trate de conducir en una autopista de dos carriles con automóviles que lo pasan a pocos pies del lado contrario. Se le revolverá el estómago si no puede manejarlo. Cuando comienza a ver a cada extraño como un posible loco o matón, no solo está asustado sino deprimido. ¡Realmente se siente traicionado!"

– *Barbara Kaplan*

"Desde esa semana cambié mi opinión sobre la vida. No me sentía tan joven. Tengo sólo 27 años pero después de perder a mi hijo de 1 año de edad sé que no hay nada justo sobre la muerte. A menudo pienso que puede suceder nuevamente. Pienso en la muerte con frecuencia. El otro día le dije a mi madre que la extrañaré cuando ella muera".

– *Kim Keyes, su hijo Kurt murió en un accidente automovilístico junto con tres otros familiares y un amigo de la familia.*

La vulnerabilidad de saber que esa tragedia puede sucederle a cualquiera en cualquier momento es una cualidad casi existencial. Lleva a preguntas como: "¿Qué es la vida en cualquier caso?". "¿Por qué estamos aquí?", "¿Por qué las personas tienen que morir?, "¿Por qué Dios no hizo algo para evitarlo?" Estos temas pueden ser doblemente agobiantes para adolescentes que no saben mucho de la vida y mucho menos de la muerte. Enfrentar el dolor en la familia puede ser tan incómodo que los jóvenes pueden encontrar maneras de escaparse en vez de afrontar su propia vulnerabilidad.

Achaques, dolores y enfermedades

El estrés traumático puede enfermarlo físicamente. Como está sumergido en la tristeza, confusión, miedo, ansiedad y enojo puede encontrarse sin apetito. Puede sentirse tan débil como si no pudiera caminar. Puede sentirse exhausto pero cuando se va a dormir, duerme o duerme sólo por poco tiempo. Su deseo sexual puede haber desaparecido o disminuido.

Muchos sobrevivientes hablan de una tristeza en el pecho, un síntoma que muchos lo denominan "corazón roto". Puede sentirse nervioso y descontrolado. Es posible que tenga dolores de estómago o de cabeza.

Si estas dolencias aumentan, algunas personas comienzan a pensar en el suicidio como un alivio. Desean poder morirse también para escapar del dolor. Los amigos y familiares que se preocupan por usted son muy importantes para su bienestar en estos momentos. Apóyese en ellos, especialmente aquellos que lo escuchan. Pueden ayudarlo a pensar racionalmente sobre lo que es mejor para usted y su familia.

Es posible que deba consultar con un médico, especialmente si no come, no duerme o pasa mucho tiempo deseando estar muerto. Aunque los síntomas no sean tan severos, su sistema inmunitario puede estar comprometido por el estrés lo que lo hace más vulnerable a enfermedades.

Muchas personas que se encuentran haciendo su duelo son propensas a accidentes. Tienen accidentes automovilísticos, se caen frecuentemente y experimentan otros percances. Estos percances pueden ocurrir cuando está preocupado por su pérdida.

Si era vulnerable a las enfermedades cardiovasculares u otras enfermedades graves, debe realizarse controles regularmente. Algunas investigaciones han sugerido una correlación entre el duelo y el inicio de un cáncer.

Si fuma o consume drogas, entre ellas el alcohol, deberá controlar atentamente su consumo. Algunas personas en su duelo aumentan su consumo para escapar o dormir. Esto conduce a problemas graves. El alcohol es un depresivo. Aumenta el dolor en lugar de disminuirlo. Agrava el estado físico. Interrumpe en lugar de mejorar el sueño. El duelo aunque sea tan doloroso es mejor cuando se lo enfrenta y experimenta. El alcohol y otras drogas ayudan sólo por algunas horas. Después se siente peor.

Un médico puede recetarle medicamentos para ayudarlo a comer o dormir durante la fase inicial del duelo. No considere que esto es una debilidad. Ha sufrido un trauma severo y merece esta ayuda para comenzar a sentirse mejor. Probablemente necesitará antidepresivos o ansiolíticos sólo por un periodo corto. Aunque no desee sentirse mejor todavía, usted se lo debe a usted mismo y a su familia.

Enojo

Puede sorprenderse de la intensidad del enojo que siente hacia la persona que mató a su ser querido aunque fuera un suicidio. Mientras más absurdo sea el acto, más enojado se siente. Algunos sobrevivientes no se sienten enojados pero la mayoría sí, y de ellos algunos hasta llegan al punto de la furia.

> "No pensaba que era posible odiar tanto a alguien. Sentía el odio más profundo y penetrante que haya conocido en mi vida. Soy pastor y es muy impresionante descubrir los tipos de sentimientos que uno puede experimentar".
> – *Tinka Bloedow, su hija Tee Ja, de 14 años fue asesinada por un conductor ebrio.*

Puede desear tan desesperadamente que la persona que mató a su ser querido muestre algo de arrepentimiento o diga "Lo siento". Pero eso probablemente no suceda.

Muchos delincuentes no parecen sentir remordimiento. Algunos realmente están arrepentidos. No obstante, sus abogados, les advertirán que no se contacten con usted porque puede ser considerado una admisión de culpa.

Algunas personas experimentan el enojo en las primeras etapas de su duelo. Otros lo sienten después, luego de que el aturdimiento ha desaparecido. Usted puede haber estado enojado antes de estar dispuesto a admitirlo.

Es muy desafortunado que cuando éramos niños, a la mayoría de nosotros nos enseñaran que algunos sentimientos eran malos. La mayoría de nosotros escuchaba:

- "No te debes enojar".
- "Está mal sentir celos".
- "Es pecado pensar en la venganza".
- "La furia es algo terrible".

Los sentimientos no están bien ni mal. Simplemente son sentimientos. Su conducta puede ser mala o buena, correcta o incorrecta, adecuada o inadecuada. Su pensamiento puede ser claro o confuso, racional o irracional. Sin embargo, sus sentimientos son simplemente sus sentimientos sin "obligaciones". Es tonto de las personas sugerir que uno deba dejar de sentir de una manera particular. Es imposible desear que un sentimiento se detenga.

> "Puede conformar a las víctimas (especialmente a aquellos que se sienten estafados por el sistema de justicia penal) saber que es aceptable y útil fantasear sobre la

'justicia' que ellos impartirían al asesino. Una de las cosas más útiles que aprendí al sobrellevar mi duelo fue que los sentimientos son involuntarios, igual que el deseo de estornudar y muy pocas veces se pueden suprimir. Hasta los pensamientos más negativos de enojo son aceptables. Lo 'malo' es malo únicamente cuando los pensamientos se traducen en conductas".

– Janet Barton, su hijo fue asesinado.

Es muy importante no actuar destructivamente en respuesta a su enojo. Debe esforzarse en pensar racionalmente sobre lo que puede hacer con su enojo sin dañar a nadie. Pero lo que uno siente no se puede cambiar.

Puede encontrarse enojado no solamente con la persona que mató a su ser querido sino con Dios, los médicos, los detectives y hasta su propia familia. Puede estar enojado con todos los que parezcan seguir con sus vidas como si nada pasara. Puede estar enojado con su ser querido por abandonarlo, aunque sabe que no fue su culpa. Obviamente, ese enojo está fuera de lugar y no debe exteriorizarse.

"Y hay enojo. Mi enojo no se detuvo con Dios ni con los asesinos. Odiaba a todo y a todos. Era un sentimiento básico, feo, destructivo que podía aumentar en mí y controlar por días sin fin".

– Betty Jane Spencer, sus cuatro hijos fueron asesinados.

La injusticia de que su ser querido está muerto, la herida profunda que siente y la pérdida de los sueños futuros puede contribuir a la rabia, un deseo indescriptible de hacer algo. No obstante, la mayoría de las cosas que piensa hacer deben ser sólo pensamientos. Trate de no actuar llevado por su ira.

"Imaginé durante un año con ingresar a la corte y volarle la cabeza pero decidí dejar todo eso en las manos de Dios. Las cosas se resuelven de alguna manera".

– June Sanborn, su hija única, Diane, fue asesinada por asfixia, apuñalamiento y mutilación sexual.

Está bien pensar en lo que sucedió y es muy útil hablarlo con alguien que está dispuesto a escuchar. Si encuentra otra persona que haya sentido algo parecido a usted, es muy afortunado.

Tristemente, muchos amigos y hasta los familiares no estarán dispuestos a ventilar sus sentimientos intensos. Su disconformidad y reacciones negativas pueden enojarlo aún más. Sería muy útil si otros pudieran entender que expresar sentimientos fuertes significa que usted es responsable de ellos y que no se dejará llevar por ellos. Es posible que deba explicar esto a aquellos que no parecen entenderlo.

Permitirse expresar estos sentimientos probablemente liberará su mente, lo que le permitirá ser más realista en su pensamiento y constructivo en su planificación para el futuro.

El enojo se manifiesta física y emocionalmente. Si suprime su enojo, o intenta evitar sentirlo, puede crear problemas en su cuerpo. Ejemplos de los síntomas son: dolores de cabeza, dolores de estómago, colitis, dolores de espalda, presión arterial alta, entre otros.

Por otro lado, la actividad física positiva frecuentemente ayuda. Algunas personas corren, otros se ejercitan vigorosamente y algunos limpian su casa. Ejercitarse vigorosamente libera muchos químicos en el cerebro que pueden calmarlo y tranquilizarlo. Hasta puede disminuir la depresión.

Otros llevan un diario o escriben cartas al delincuente (las cuales es mejor no enviar). Algunos lloran, gritan y dan alaridos. Los lugares más comunes para liberar estas emociones son la ducha o el automóvil. Lo que haga con su enojo realmente no importa, siempre que admita que está allí y que no es dañino para usted ni para nadie más cuando lo expresa.

Puede descubrir que su enojo puede tener un fin útil. Una tristeza profunda puede estar escondida detrás del enojo. Aunque el enojo no se siente bien, generalmente es menos doloroso que la tristeza. El enojo generalmente se concentra en otra persona pero algunas veces parece estar diseminada en un amplio espectro, y parece no alcanzar a nadie ni nada por mucho tiempo. La tristeza generalmente se centra en el interior de uno mismo. Con el tiempo, deberá abandonar parte del enojo, la ira y la venganza y enfrentar los sentimientos tristes que se esconden tras el enojo.

Cuando decide descubrir lo que hay detrás de su enojo, puede encontrar la soledad y la nostalgia. Puede ser la culpa. Puede ser cualquier sentimiento. No obstante, al estar dispuesto a enfrentarlo puede aliviar su enojo. Puede pensar que el ser querido es el que lo hace estar enojado. Eso no tiene sentido. Sin embargo, lo que hace con su enojo y cuándo decide mirar debajo de él depende de usted.

Esta sociedad algo confusa parece decirnos en la prensa, la televisión y las películas que debemos ventilar el enojo a todo costo. Las investigaciones no han demostrado que sea así. De hecho, los que pasan mucha parte de su vidas destilando enojo tienen más posibilidades que otros de enfermarse. El objetivo no es liberar el enojo sino reconocer ese sentimiento que hace sentirnos tan mal y ver si se puede hacer algo constructivo con él.

Como dijo alguien recientemente "Perder la compostura simplemente contamina el aire. No se logra nada".

Por ejemplo, puede enterarse de que el abogado está considerando la idea de un acuerdo con los fiscales, el cual usted no entiende, y que él/ella no tiene planes de consultarle sobre ello. Eso es suficiente para que usted se llene de rabia. Pero antes de levantar el teléfono, pregúntese "¿Cómo puedo obtener lo que quiero?" Atacar al abogado en la oficina o escribir una carta horrible para la sección "Carta al editor" es posible que lo aleje de todo en lugar de obtener lo que desea.

Por el contrario, llame al abogado y pida una reunión de 15 minutos para hablar sobre el caso. Si le concede la cita, pídale calmadamente que lo ayude a entender el razonamiento de considerar el *acuerdo* en lugar de buscar una condena con los cargos originales. Algunas veces, hay un motivo muy importante para ofrecer un acuerdo. En varios estados, por ejemplo, se acusa de asesinato en los casos de muerte grave por conducir en estado de ebriedad. Los elementos legales requeridos para garantizar una condena por asesinato son complejos. Tal vez, como se está llevando a cabo la investigación, el abogado descubre que no puede probar todos los elementos necesarios. En tal caso, es mejor aceptar un acuerdo de culpabilidad en lugar de un delito menor que arriesgarse a perder todo. Si se emite un juicio, algunos abogados pueden continuar hasta el juicio sólo si usted está seguro de ello. Usted puede estar dispuesto a arriesgar perder el caso para arriesgarse a ganar. No obstante, el abogado conserva absoluta discreción sobre la decisión. Algunos no irán a juicio porque no desean arriesgar la absolución en sus registros. En cualquiera de los casos, puede tener un sentimiento de alivio si comenta sus inquietudes con el abogado.

Estrés postraumático/Culpa

Durante mucho tiempo se ha creído que la mayor parte del estrés doloroso que sienten las personas proviene de su interior. Se consideraba que las personas deprimidas debían tener conflictos internos graves que debían solucionar.

Ahora entendemos que el trauma externo es un motivo válido para la angustia. Aunque este conocimiento puede no ayudarlo a sentirse mejor, en realidad es una buena noticia. Es una buena noticia porque significa que no está "loco" sólo porque está experimentando síntomas muy dolorosos posteriores a la muerte de su ser querido. Estos síntomas son el resultado de algo que sucedió fuera de usted no en su interior.

> "De acuerdo con la religión en la que me crié, si algo malo te sucedía, de alguna manera era tu culpa por pecar o algo similar. Una cosa muy valiosa que me enseñó la terapia es que lo que sucedió era externo no por algo que estaba en mi corazón".
>
> – *Mary Walker, experimentó las muertes traumáticas de tres de sus hijos en diferentes ocasiones.*

A medida que la negación y la conmoción se desvanece, puede experimentar reacciones que son desconocidas y aterradoras. Puede experimentar qué imágenes particulares del trauma siguen entrometiéndose en su mente. Puede haber *visiones,* sonidos u *olores especiales.* Puede tener muchas pesadillas. Algo puede hacerlo sentir como si el trauma estuviera sucediendo nuevamente. Si tiene conocimiento de lo que inicia estas reacciones, el lugar de la muerte, una determinada canción, eventos específicos, puede evitar compulsivamente esas cosas, como si fuera una fobia.

Puede sentir que el mundo exterior ya no tiene mucho significado para usted. Puede desear aislarse porque parece que nadie entiende su dolor. Puede tener dificultades para concentrarse, sentirse distraído y confundido.

La veta madre

Un ojo destellante en mi frente,
yo mino tu muerte.
Escudriñando en las capas,
mirando cada centello.

Aquí,
una pila de sueños sin cumplir.
Y aquí,
una cantidad de culpa, de supuestos,
malditos roces.
Mi amor fósil.

Ennegrecido con la pérdida,
más y más profundo
cavo
en busca de la veta madre.

– Anita Huffington, su hija fue asesinada

Puede luchar contra la culpa: la frase "Si tan solo hubiera_____" se vuelve algo familiar para casi todos los miembros de la familia y amigos cercanos después de un homicidio o suicidio.

Los seres humanos tendemos a creer muchas cosas que no tienen sentido cuando las analizamos detenidamente. Por ejemplo:

- Las personas que se aman siempre deben ser responsables entre sí y poder protegerse entre ellos.
- Si yo hubiera sido mejor persona esto no hubiera sucedido.
- Si comienzo a sentirme mejor significará que no lo/la amo lo suficiente.
- No está bien que mi ser querido haya muerto y yo siga con vida.

Puede descubrir que cuando llora, detrás de esas lágrimas están las palabras: "Lo siento, lo siento, lo siento". Tal vez se siente culpable porque todavía cree en el antiguo dicho: "Las cosas buenas suceden a las personas buenas y las cosas malas a las personas malas". Parecería que si encontrara una manera de probar que usted era culpable (malo) al menos podría aferrarse a una creencia antigua que usted percibe que tiene sentido para la muerte de su ser querido.

Una de las tareas más difíciles del duelo emocional es analizar racionalmente por qué sus creencias lo hacen sentirse culpable. De hecho puede ser responsable de algunos componentes de la muerte de su ser querido. Si *es así,* acéptelo y trate de encontrar una manera de perdonarse. Si tomó una decisión incorrecta, probablemente era la mejor decisión para ese momento. Intente no exagerar su rol en lo que sucedió porque al hacerlo eso lo confundirá.

En la mayoría de los casos, hay otros factores que fueron en gran parte responsables de la muerte de su ser querido. La persona que mató a su ser querido eligió hacerlo o fue negligente de tal manera que ocurrió la muerte. Las fuerzas de la naturaleza también tienen su rol. Una ley de la naturaleza es que cuando dos fuerzas opuestas poderosas colisionan, una o ambas fuerzas quedan destruidas. Sería muy bueno que esas leyes no siempre se cumplieran. Por otro lado, sería horrible vivir en un mundo donde las leyes de la naturaleza algunas veces se cumplieran y otras no.

Uno puede llegar a la conclusión pensando racionalmente de que uno fue 5% responsable y que alguien más fue 95% responsable. En ese caso, tome sólo el 5% de la culpa, no el 100%.

Hablar con otros que entienden parte de lo que está atravesando puede ayudarlo a analizar su culpa de manera realista. Sentirse menos culpable no alejará su tristeza o su enojo sino que puede ser una gran carga para sus hombros. Valdrá la pena hacer el esfuerzo para aliviar la carga pero será muy difícil.

Aceptación/Acuerdo

La palabra "aceptación" no se utiliza aquí porque el asesinato súbito y violento de alguien que uno ama nunca es "aceptable". Al principio, algunas personas creen que nunca volverán a ser felices nuevamente. Estas personas atraviesan un periodo en el que no están listas para sentirse mejor. Otras tienen la voluntad de sentirse mejor y esforzarse para encontrar maneras de hacerlo.

Si está listo para sentirse mejor o no, es una buena idea volcarse a otros que han sobrevivido una experiencia traumática similar y han logrado recuperar su fuerza y encontrar la felicidad nuevamente. Ellos pueden ser modelos alentadores.

Es un hecho que su vida nunca será la misma que fue antes de que su ser querido *fuera* asesinado. Sin embargo, probablemente será mucho mejor que lo que es ahora mientras está leyendo este libro.

Aceptar lo que sucedió significa creer que sucedió de esa manera según lo que sabe sobre ese hecho. Significa que ya no tiene que fingir que no sucedió de la manera que sucedió. Significa estar dispuesto a enfrentar y experimentar el dolor en lugar de evitarlo con exceso de actividad o escapándose hacia las drogas y el alcohol. Significa decidir cómo vivir sus recuerdos.

Los recuerdos nunca pueden ser arrancados de usted, aunque otras personas le digan que debe seguir adelante. Thomas Attig describe el proceso del duelo como el proceso de "amar a otros en su presencia" a "amar a otros en su ausencia", creando "un lugar en el corazón" donde la los recuerdos son almacenados libremente y a los que se puede acceder fácilmente.

> "Cuando mi hijo murió, me dieron calas de su funeral y las planté. Ahora hay como veinte de ellas. Cuando mi mamá murió planté un jazmín en su jardín. El otro día cuando me estaba bajando del automóvil frente a la casa súbitamente sentí el aroma del jazmín pero no podía ver las flores. Dije: 'Mamá, ¿dónde estás? Puedo olerte pero no puedo verte'. Luego empujé una rama y allí estaba la primer flor de jazmín de la primavera. Dije:'¡Bueno! ¡Hola mamá! ¡Qué hermosa que luces esta mañana!'"
>
> *– Sra. Dixon, su nieta fue asesinada y su hijo fue asesinado el año siguiente.*

Puede tener miedo de olvidar los recuerdos que no desea olvidar. Para muchas personas es útil escribir entre seis o diez recuerdos especialmente hermosos. Sáquelos y léalos con frecuencia. Es una buena idea guardar otros recuerdos con sus escrituras como un mechón de pelo, perfume, loción para después de afeitar o algunas prendas. Utilícelas de tiempo en tiempo para mantener viva su memoria. Acuérdese de los buenos recuerdos cuando sienta que la invade el dolor nuevamente. Comience a reconocer las partes de su ser querido que ahora están incorporadas en su ser y otros familiares.

Su experiencia puede desencadenar no solamente el estrés postraumático sino también el crecimiento postraumático a medida que comienza a reconstruir su propia identidad. Puede descubrir una nueva apreciación por la vida y más sensibilidad con los otros.

> "El acuerdo viene cuando decide si le importa que su vida continúe o no. Nunca olvidaré a Trey, y esperaré ansiosamente encontrarlo en el Cielo pero seguiré mi vida aquí y encontraré dicha en ella".
>
> *– Ralph Shelton, su hijo fue asesinado por un francotirador.*

Pena

Siempre sentirá pena porque su ser querido murió trágicamente y la larga relación que pueden haber disfrutado fue interrumpida. Sin embargo, esta sensación adecuada de pena es muy diferente a la intensidad del trauma que la mayoría de los familiares experimentan los primeros meses.

Los parámetros de la pena no están claros. Algunas personas

describen la pena como una "niebla brumosa" de la que no siempre están concientes. Simplemente se dan cuenta que la vida no es tan hermosa ni tan linda como era antes. Los valores cambian. Puede encontrarse impaciente ante banalidades. Puede sentirse incomprendido. Sin embargo, un sentimiento de pena no es lo mismo que estar agobiado por el duelo o la depresión.

> "Cada vez que cuento nuestra historia me siento liberada cuando termino. Es importante que las personas sepan que Kurt era un buen niño. Durante los primeros meses, estuvimos enfatizando las cosas que *no hicimos* con Kurt. Ahora pienso en las cosas que sí hicimos. Es más positivo. Debemos celebrar lo que sus vidas significaron para nosotros".
>
> *– Kim Keyes, su hijo Kurt de 4 años de edad fue asesinado por un conductor ebrio.*

Espasmos de duelo

Es muy posible que experimente espasmos de duelo ocasionalmente con el paso de los años. Los sobrevivientes generalmente se sorprenden que en el medio de una serie de adiós, algo provoca un espasmo de duelo. Los aniversarios son difíciles, el cumpleaños del ser querido, el aniversario de la muerte, el aniversario de bodas, el Día de la madre, el Día del padre. Las fiestas en las que las familias se juntan tradicionalmente son frecuentemente un momento difícil para las familias que han experimentado una pérdida súbita. Ciertas canciones pueden causar un espasmo de duelo. Ver a alguien quien se parece a su ser querido puede provocar un espasmo de duelo.

No obstante, aunque parezca extraño, los espasmos de duelo pueden ser entendidos como celebraciones de una relación que significó tanto para usted que los episodios de duelo todavía pueden abrumarlo.

Casi todos los familiares pueden decir que prefieren haber compartido su vida con su ser querido en lugar de no haber compartido nada con él/ella. Poder experimentar la profundidad de la tristeza y la cúspide de la alegría es estar totalmente vivo, ser completamente humano. La mayoría de las personas están contentas de ser capaces de tener sentimientos comprometidos. Experimentar sentimientos comprometidos significa que los síntomas de conmoción y aturdimiento ya no son necesarios y que la totalidad de la experiencia del trauma puede ser absorbida.

A medida que pase el tiempo, los espasmos de duelo serán menos frecuentes y con menos intensidad. La mayoría de los sobrevivientes puede aceptar que su ser querido lo hubiera deseado de esa manera.

Su ser querido hubiese querido ser recordado con cariño de vez en cuando y hasta ser extrañado. Pero si usted sigue atrapado en una sensación de desesperación, puede evolucionar la posibilidad de más complicaciones. Eso no beneficia a nadie y ese no sería el deseo de su ser querido.

"Algunos días estoy bien. Luego, algo sucede y estoy de vuelta donde estaba antes. No lloro tanto como lo hacía al principio. Pero no me río tanto como solía hacerlo antes del choque. Siento que parte de mí nunca se recuperará. Pero deseo recuperar esa parte".

– *Sally Jeanes, su hijo de 18 años fue asesinado por un conductor ebrio.*

Enfoque en la vida

Otro enfoque de la aceptación o "mejorarse" es un enfoque cada vez mayor en la vida y menos concentración en la muerte. Al principio, puede haber sentido que apenas existía. Otros que lo alentaban y le decían que siguiera con su vida pueden no haber estado dispuestos a compartir el viaje del duelo con usted. Pueden haberse sentido incómodos cerca suyo.

Puede estar desilusionado de su familia y amigos por su falta de sensibilidad y comprensión. Algunos empleadores y comunidades religiosas son peores. Pueden frustrarlo y hacerlo enojar. No obstante, usted sólo deberá decidir cuándo es correcto prestar más atención a la vida. Puede utilizar su duelo para continuar hundiéndose o puede utilizarlo para reconstruir su vida, probablemente con más compasión y entendimiento que antes.

Piense en la persona que usted era antes de que sucediera esta tragedia. ¿Cómo hubiera descrito sus valores y fortalezas? ¡Esa misma persona sigue viva! Puede haber sido dañada pero la persona del interior aún existe. Los traumas nos reestructuran pero somos mucho más que nuestros traumas.

"Usted no tiene que seguir siendo una víctima. Es su elección. Un día me di cuenta que podía concentrarme en el hecho de que estaba sobreviviendo en lugar de sentirme tan perturbada por el asesinato de Adrianne. Comencé a levantarme por la mañana y me iba a la cama por la noche. Sentí que estaba viviendo, que ya no era controlada por la tragedia".

– *Linda Jones, su hija fue asesinada a tiros.*

Al tener una experiencia traumática, a la larga podrá ver la vida en una perspectiva mejor que otras personas. Después del sufrimiento, muchas personas parecen desarrollar una paz, sensibilidad, sabiduría interior que otros no tienen.

"Me siento casi invencible. He sobrevivido la peor cosa que puede suceder. Todos los otros problemas no tienen sentido al compararlos. Si pude sobrevivir eso, puedo sobrevivir cualquier cosa".

– *Ralph Shelton, su hijo fue asesinado por un francotirador.*

Llamado a la justicia

En algunos casos, soportar un trauma enciende una llama para hacer algo para arreglar algunas de las cosas malas asociadas con las muertes súbitas violentas. La mayoría de los sobrevivientes desean prevenir estas situaciones a otras personas.

Miles de hombres, mujeres y adolescentes se han unido a *Mothers Against Drunk Driving* (Madres contra la conducción en estado de ebriedad) después de la muerte de un ser querido en las manos de un conductor ebrio. Su deseo es ayudar a las víctimas y sobrevivientes damnificados a luchar emocionalmente, asistirlos con en el sistema de justicia penal y prevenir los choques por conducir en estado de ebriedad.

Después de la muerte violenta de su hija, Lisa, Charlotte y Bob Hullinger fundaron *Parents of Murdered Children* (Padres de hijos asesinados), un grupo de apoyo para otras familias forzadas a soportar esa tragedia.

The Compassionate Friends (Amigos Compasivos) tiene grupos de apoyo en la mayoría de las comunidades de todo el país en los que los padres de hijos que han muerto se brindan consuelo mutuo.

El rabino Harold Kushner escribió el libro *When Bad Things Happen to Good People,* (Cuando cosas malas suceden a personas buenas) después de la muerte de su hijo. Él continúa escribiendo libros útiles para las personas en situaciones difíciles.

No todos los sobrevivientes eligen emprender tareas tan importantes y nobles. Algunos ayudan de maneras más simples. Después del asesinato de su hija Sarah, en Seattle, Tom y Mary Yarborough abrieron un alojamiento especialmente para las personas que atraviesan un duelo. La mayoría de la personas que soportan tragedias con el tiempo están dispuestos y hasta entusiastas de ayudar a otros que están sobrellevando pérdidas similares. Al hacerlo, ofrecen uno de los tesoros más preciados que un ser humano puede dar a otro.

Sugerencias

Comprender que la conmoción y la injusticia de perder a alguien que ama en una muerte súbita, violenta y sin sentido puede provocar un duelo que tiene una amplia variedad e intensidad de reacciones. Su duelo puede durar más que el de los sobrevivientes de una muerte anticipada no violenta. Si puede sobrellevarlo, ¡excelente! No obstante, si está pasando un momento difícil, sea paciente con usted mismo. Muchas personas luchan durante meses y años antes de resolver su duelo.

- Mantenga un contacto regular con su médico durante varios años para asegurarse de no contraer una enfermedad física relacionada con el estrés.

- Intente demorar las decisiones importantes como mudarse, volver a casarse, tener un hijo o cambiar de empleo al menos un año. Sin importar cuan positivas pueden ser, las decisiones importantes crean estrés adicional.

- Experimente sus sentimientos, ya sea tristeza, ira o venganza. Encuentre una manera de expresarlos, tal vez escribiendo cartas o un diario, compartiéndolos con alguien más o haciendo actividad física. Intente pensar racionalmente y actuar responsablemente.

- Tenga una mirada realista ante cualquier tipo de culpa que pueda sentir. Si usted tiene parte de la culpa sobre lo que sucedió, intente perdonarse. Si Dios puede perdonarlo, ¿por qué usted no? No lleve una carga de culpa que no corresponde a lo que sucedió.

- Intente comprender a sus familiares que pueden atravesar el duelo de maneras diferentes. Es muy raro que dos personas de una misma familia manejen el trauma de la misma manera. Recuerde que no hay reglas sobre cómo uno puede experimentar el duelo. Intente hablar sobre lo que está sintiendo y aliente a otros hacer lo mismo. Intente recibir lo que escucha aunque su experiencia puede ser diferente.

- Sea paciente con otros que le dicen cosas inoportunas. Muy pocas veces estos comentarios tienen la intención de lastimarlo. Aunque la mayoría de las personas desean ayudarlo, ellos pueden no saber qué decir o hacer. Intente agradecer sus intenciones, no el resultado final.

- Recuerde que nadie puede ponerse en el lugar de la persona que ha perdido a un ser querido. Es irreal pensar que otra persona o actividad pueden llenar el vacío que hay ahora en su corazón. Esperar que otra persona tome ese lugar es una carga terrible para esa persona.

- Busque apoyo y entendimiento de otros que han experimentado traumas similares. Usted y su familia pueden beneficiarse con la ayuda de otros. Llame a su Asociación de Salud Mental, hospicio y/o clero para ubicar grupos de apoyo y terapeutas profesionales que entiendan el duelo que sucede después de su pérdida y trauma únicos. Revise la sección Recursos al final de este libro y póngase en contacto con las organizaciones nacionales que pueden interesarle para identificar una filial local más cercana. No debe pasar esta experiencia solo.

- Encuentre una manera de hacer un aporte positivo a raíz de su tragedia. Esto no significa imponer sus recuerdos o experiencias a personas que atraviesan su duelo por primera vez. Le pedirán que comparta su experiencia cuando estén listos para escucharla. Significa que usted está disponible para ellos en sus términos. Afiliarse a organizaciones que realizan acciones es una forma de llegar a otros.

- Recuerde que usted es mucho más que su trauma. Sus valores fundamentales y sus fortalezas todavía son parte de su verdadero ser.

- Dése cuenta que estar mejor no significa que usted no amó lo suficiente a su ser querido. Ni tampoco significa que lo olvidará. Cuándo y cómo comenzará a sentirse mejor y cómo será su peregrinar hacia su recuperación depende de usted.

Lo que deseo recordar de este capítulo

Capítulo Tres

LA MUERTE DE UN HIJO

Las parejas en su rol de padres

Como padre o madre seguramente pasó mucho tiempo pensando sobre cómo proteger a sus hijos y cuidarlos hasta la adultez. Cuando crecieron y pasaron a la adolescencia tardía, usted tuvo que ingeniárselas para "dejarlos ir" hacia su adultez.

Cuando la función de padre/madre es exitosa, usted espera que sus hijos ya adultos sigan amándolo pero no que dependan de usted. De hecho, a medida que envejece, es posible que usted dependa de sus hijos para su cuidado. Con el paso del tiempo, usted sabe que morirá y sus hijos perdurarán. Sin embargo, cuando un hijo muere todas esas expectativas desaparecen.

La manera en que uno cuida a un hijo es diferente de la forma en que nos ocupamos de una pareja, padres o amigos. Cuando el hijo es muy pequeño, es totalmente dependiente de su padre/madre. Una cosa sorprendente sobre la naturaleza humana es que cuidar un bebé, un niño que recién empieza a caminar o un infante es tan gratificante para los padres como para el niño. No obstante, esto es así únicamente si el padre/madre tiene buena salud emocional. Los padres que son incapaces emocionalmente a veces abusan o descuidan a sus hijos.

Si usted es un padre/madre con buena salud emocional estará tan conectado con su hijo que reconfortarlo y hacerlo feliz también lo reconfortará y hará feliz a usted. El vacío que permanece cuando uno ya no tiene a su hijo para cuidarlo puede ser tan doloroso que algunos lo relacionan con un dolor físico crónico.

> "Parece que este espacio está conmigo todo el tiempo.
> Algunas veces el espacio vacío es tan real que casi puedo tocarlo. Casi puedo verlo. A veces se agranda tanto que no puedo ver nada más".
>
> – *Mary Sennewald*

A medida que nuestros hijos crecen, desarrollan un sentido de independencia separándose de sus padres. Esta necesidad de alejamiento es una parte normal del desarrollo de un niño. Las nuevas conductas durante esta etapa requieren que los padres guíen y disciplinen correctamente a su hijo. Es posible que la mayoría de los padres sienta una necesidad aun más fuerte de proteger a sus hijos cuando los ven crecer.

Todos los niños cometen errores. Es muy duro para un padre/madre decidir cuándo intervenir y proteger a su hijo y cuándo dejar que ellos experimenten las consecuencias de sus errores. Sin embargo, los padres tienen un gran instinto protector hacia sus hijos ante cualquier peligro grave independientemente de la edad que tengan. Si tuvieran la opción, la mayoría de los padres preferirían morir ellos antes que enfrentar una lesión grave o la misma muerte de su hijo.

Una parte muy difícil del duelo afectivo para la mayoría de los padres cuyos hijos han muerto violentamente es que no pudieron protegerlos. Uno puede sentirse extremadamente enojado con uno mismo por no prevenir la tragedia. Puede sentirse culpable, como si la muerte de su hijo fuera su culpa aunque sepa que no es así.

> Todo el día escucho su andar,
> su silbido, su ritmo incierto y agradable.
> Escucho el silencio que aprieta
> mi garganta.
>
> Dios, sabes que daría mi vida
> por escuchar su voz nuevamente.
> Por sentir una vez más el roce
> de su joven y entusiasta mano.
> Pararme y verlo jugar
> y sentir el orgullo brincar en mí como una llama.
>
> Daría mi vida, digo,
> pero no puedo.
> Debo quedarme aquí
> y hacer mi tarea
> hasta haber ganado el derecho de partir.
>
> – *Elsie Robinson*

Sobrellevar la muerte de un hijo joven es distinto a sobreponerse a la muerte de un hijo infante. Los padres no aman menos a un hijo mayor pero las experiencias de vida con ellos son diferentes. Cuando los hijos crecen, toman más riesgos, experimentan terrenos desconocidos e intentan resolver sus propios problemas. Todo eso es una parte muy normal del desarrollo adolescente. Estas frases probablemente sean familiares para los padres de adolescentes.

"¡Tengo que ser yo mismo!"
"¡Tienes que dejarme crecer!"
"Déjame solo. ¿Nunca fuiste adolescente?"

Posiblemente recuerde a su hijo saliendo enojado dando zapatazos de una habitación o tirando las puertas. Los padres generalmente se resisten a esta clase de palabras y conductas. Eso también es normal. Aunque el tire y afloje que es criar un adolescente no siempre sea agradable, es una señal de que el adolescente está buscando y descubriendo sus propios valores. Eso es positivo.

Cuando muere un hijo mayor, los padres atraviesan un momento muy difícil hasta darse cuenta de que hacían lo correcto al permitir a su hijo tomar riesgos. Si eligió darle algo de libertad a su hijo, y eso resultó en su muerte, no servirá de nada culparse por lo sucedido. Probablemente usted tomó la decisión que consideraba era más acertada en ese momento.

Tantos recuerdos te traen a mí,
tu insistencia de ser tú, solo tú.
"Obstinada" dijimos.
Pero no, tú "tenías razón".
Tú sabías lo que querías desde los dos años.

Amigos, problemas, vida universitaria, romances desde lejos,
alegrías de hermandad, problemas mundiales, sueños futuros,
"Mamá, no esperes nietos y ni siquiera un matrimonio
por un tiempo...tal vez nunca".
Parece que me ibas preparando.
Gracias, Valerie, por ser nuestra hija.
Tu mamá y tu papá te aman mucho.
No te lo decíamos muy a menudo.
Ahora, nuestras lágrimas te lo hacen saber.

– *Katherine D. Guayante, en memoria de Valerie.*

Otro componente del duelo afectivo porque un hijo ha muerto violentamente está relacionado con sus inversiones, las cuales quedan reducidas a nada. Usted invirtió emocionalmente en su hijo. Aunque pasaran días difíciles con él, usted igualmente tenía sueños para su futuro. A medida que su hijo crecía, notaba talentos e intereses especiales en él. Su hijo puede haber pasado tiempo hablando con usted sobre lo que él deseaba ser o hacer cuando creciera.

Probablemente usted hasta invirtió financieramente en esos sueños. Compró pólizas de seguro para asegurarse que su hijo tuviera suficiente dinero para cuando usted ya no esté con vida. Es posible que haya pagado su ortodoncia, lecciones de música. Puede haber alentado a su hijo a desarrollar sus habilidades deportivas u otras actividades físicas. Puede haber comprado computadoras u otros equipos tecnológicos para ayudar a su hijo a superarse. Puede haber pedido dinero prestado o separar fondos para ayudar a su hijo en la universidad.

Los padres invertirían nuevamente con gusto, y miles de veces más, si tan solo pudieran volver a tener su hijo con ellos. Eso es imposible. No obstante, puede ser útil comprender que su inversión financiera fue un símbolo de su inversión emocional. Comprender por qué la muerte de un hijo parece ser algo tan equivocado puede ser útil para usted.

Enfrentar la muerte de un hijo no significa solamente perder a alguien por quien uno sentía el deseo de cuidar y proteger sino perder las esperanzas y sueños futuros.

"Ninguna palabra puede describir el dolor de perder un hijo. Esa noche de abril, una gran parte de mi ser murió junto con mi única hija. Todos sus sueños y esperanzas se han ido. Nunca se graduará de la escuela secundaria, no irá a la universidad ni experimentará el amor de un marido y sus hijos. Todas las cosas de las que hablaba a menudo han desaparecido y con ellas una gran parte de mi futuro. Este vacío estará conmigo el resto de mi vida".

– *Ginger Babb, su hija Julie de 17 años murió violentamente.*

Parejas en su rol de compañeros

La muerte de un hijo puede tener un gran impacto en el matrimonio de los padres. Algunas parejas descubren que la tragedia los une más. Esto sucede cuando se comunican abiertamente y se apoyan entre sí, cuando tienen días buenos y días malos, primero uno y después el otro. No obstante, es muy común que las parejas sufran las consecuencias de una tragedia tan grande como la muerte de un hijo.

Es muy difícil apoyar y cuidar a su pareja cuando su propio duelo es tan agobiante. Muchas personas regresan a un estado similar al de un niño cuando experimentan un trauma. Se sienten vulnerables y necesitan que cuiden de ellos. Si ambas partes están en la misma condición y ninguno tiene la fuerza para cuidar del otro, pueden surgir sentimientos de alienación.

Esta mañana en la almohada de mi esposo, una lágrima.
Anoche no escuché el llanto,
no sentí el estremecimiento rítmico.
Pero allí está,
reluciente, testimonio silencioso del dolor.

Rápidamente me acerqué a secarla,
como si con un ligero roce
pudiera arreglar el mundo.
Pero algo detiene mi mano,
me detengo a pensar:
¿Soy la causa del llanto?

En mi vida hay mucha tristeza,
una nostalgia horrible y mucho vacío
que ni siquiera mi marido puede llenar.
La tristeza me da noches sin sueño temerosa
de otras llamadas telefónicas y ambulancias.
Más nostalgia y vacío.
Mi marido comparte esta pérdida
pero los hombres no lloran.
Asientan severamente con su cabeza y recurren a los detalles,
Hacen arreglos y dan apoyo.
Sin embargo, está allí en su almohada:
una lágrima.

¿Me he entregado al duelo
y me olvidé del que lo comparte?
¿No he dado lugar a sus lágrimas
en la inundación que provocan las mías?
¿Soy la razón por la que él llora
sólo en el silencio de la noche?

> Cierro mi mano
> para dejar que la lágrima se seque.
> Ya no impediré su dolor
> para ocuparme del mío,
> porque debemos compartir
> para poder vivir, los dos, juntos.
>
> *– Marcia Alig*

Debido a que el deseo de cuidar y proteger ha sido interrumpido violentamente, usted puede tener una fuerte necesidad de culpar. Como afirmamos anteriormente, muchos padres se culpan ellos mismos y se sienten culpables. También está la tentación de culpar a la pareja.

Cuando un niño desarrolla una enfermedad terminal, generalmente no es culpa de nadie. Los padres pueden estar muy enojados porque la ciencia no ha encontrado una cura o porque el tratamiento no fue exitoso. Sin embargo, como los padres cuidan de su hijo durante el proceso de muerte, saben que hicieron lo mejor posible.

Cuando un hijo muere violentamente, generalmente es culpa de alguien. Si la causa de la muerte no está explícitamente clara, los padres pueden comenzar una búsqueda implacable de respuestas. Frecuentemente encuentran una manera de culpar al otro, al menos parte de esa culpa.

Culpar intensifica el impacto del trauma. Mientras las mujeres con frecuencia necesitan comunicarse para sentirse mejor, los hombres tienden a aislarse para sentirse mejor. Los hombres y las mujeres obviamente reciben mensajes diferentes de nuestra cultura sobre cómo reaccionar ante pérdidas importantes pero las investigaciones recientes revelan que hay diferencias químicas reales entre ellos que contribuyen a diferentes formas de sobreponerse a una pérdida. Muy pocas veces dos personas experimentan el duelo afectivo de la misma manera. Un cónyuge puede estar profundamente enojado, y resentido por la pérdida de control en la vida y muerte del hijo y elije revelar esas reacciones en privado o hasta tener una conducta agresiva. El otro cónyuge puede ser más abierto, necesitar hablar sobre ello, llorar con alguien que lo entiende. Este cónyuge puede estar más afligido y se pregunta cómo hace la otra parte para tener energía para estar tan enojado. De un día para otro estos roles pueden invertirse.

Uno de los cónyuges puede llorar con solo mencionar o tan solo pensar en el hijo que murió violentamente. El otro puede seguir adelante lo suficientemente como para regresar al trabajo. Uno puede leer libros para entender mejor lo que les está sucediendo y el otro puede rehusarse a enfrentar la tragedia. Uno puede querer ir a un grupo de apoyo de personas en la misma situación mientras que el otro se retira con solo mencionarlo. Es muy difícil entender y aceptar el duelo afectivo del otro cuando son tan diferentes.

> "Sentí emociones diferentes a las de mi marido. Sentí compasión por el otro conductor, creyendo que su conciencia lo castigaría. Mi marido quería que él pagara un precio alto. Luego, por un tiempo había mucha culpa. Si Mike hubiese tenido un automóvil más grande, más rápido, un empleo diurno, tantos 'y si'. Mi marido parecía tener más problemas con esto que yo. Yo solo deseaba haberle dicho 'Te amo' más seguido".
>
> – *Rita Chiavacci*

Un lado práctico de estas diferencias tiene que ver con decidir qué hacer con las "cosas" del hijo muerto. Un padre puede estar dispuesto a desarmar la habitación del hijo y desechar la ropa y los recuerdos. El otro puede creer que eso es negar la existencia de un hijo. Tratar de encontrar un punto medio que conforme estas polaridades puede ser muy difícil.

Muchas parejas están tan estresadas que los celos y la envidia comienzan a estar presentes en sus pensamientos durante el duelo afectivo. Si usted pasa días en su casa, deprimido y desganado, puede envidiar a su pareja que está en el trabajo porque fantasea con la idea de que él/ella puede ser feliz con tantas distracciones que tiene en su empleo. Si usted es el que va a trabajar, puede envidiar al otro que se queda en casa para enfrentar el duelo y no tiene que "mantenerse en pie" para trabajar.

El padre puede envidiar a la madre porque llevó el hijo en su vientre por nueve meses y lo parió, un lazo con el que no se puede identificar.

Las parejas pueden tener expectativas poco realistas de sí mismos con respecto a la carga del trabajo y mantenimiento del hogar. El mantenimiento descuidado de la casa o no cortar el césped puede enfurecer a la pareja que depende del otro para mantenerse en pie. Muchas parejas dicen que tardan meses en tener la suficiente energía para hacer más que simplemente lo básico.

La sexualidad puede ser un tema controvertido durante el duelo. Su pareja puede tener una necesidad de tener relaciones sexuales para cuidar, escapar o liberarse mientras que usted siente repulsión con solo pensarlo. Evitar tener relaciones sexuales puede suceder por temor de tener y perder otros hijos. Puede surgir por la culpa de sentir placer cuando algo tan horrible ha sucedido. También puede manifestarse como un síntoma clásico de depresión.

Cuando las barreras de los sentimientos están bajas para poder tener intimidad, se abre la compuerta al dolor y a la aflicción. Como la intimidad sexual y el orgasmo pueden conectarlo con sentimientos a un nivel más profundo, usted puede evitarlos por temor a encontrarse con una liberación emocional dolorosa incontrolable. Esto puede complicarse por el hecho de que su pareja tenga gestos o atributos físicos similares a los del hijo muerto. Recordar la muerte de su hijo tan fuertemente cuando está próximo a tener relaciones sexuales puede ser devastador.

Cualquiera de estos problemas puede hacer que usted o su pareja interrumpan el contacto sexual. Entonces, si evita esa situación, y no habla sobre ello, puede considerarse un rechazo más. Por ejemplo, cuando usted le dice que no le interesa tener relaciones sexuales, su pareja puede percibirlo como indiferente y totalmente inmerso en su duelo. Su pareja puede sentir que usted es insensible a sus necesidades. Pero en realidad, ambos están dolidos y simplemente tratan de minimizar su dolor.

Desafortunadamente, su pareja es el blanco más accesible para desahogar todo tipo de frustraciones. Pasan muchas horas juntos. Sus defensas están más bajas en su hogar que en cualquier otro lado. Es importante que entienda que estos problemas surgen casi siempre. Sería muy afortunado si no fuera así.

Cuando surgen estos problemas, trate de entender que son consecuencias normales de la muerte de su hijo. Uno ya no se siente normal. No obstante, uno es normal en el sentido de que el dolor y el esfuerzo después de una cirugía mayor son normales. Una parte muy importante de su vida ha sido arrancada. El proceso para sentirse mejor requiere tiempo, paciencia y esfuerzo.

Un mito citado con frecuencia es que 80 de 90 matrimonios fracasan cuando muere un hijo. Los estudios que llegan a esta conclusión no consideraron las tasas normales de divorcio y se basaron en parejas que ya hacían terapia cuando sucedió la muerte del hijo. Ahora sabemos que cuando ocurre el divorcio después de la muerte de un hijo, generalmente es así porque ya había problemas en el matrimonio antes del fallecimiento del hijo. Tal vez los problemas maritales ya no sean reconciliables después de la muerte del hijo. Algunos de los aspectos positivos de atravesar un trauma, reorganizar prioridades, un sentimiento de resistencia y una nueva asertividad pueden contribuir a la decisión de seguir adelante y divorciarse. De hecho, la mayoría de los matrimonios resisten la muerte de un hijo.

¿Cuánto tiempo durará?

Usted no es la misma persona que era antes de la muerte de su hijo. Creer que alguna vez será exactamente igual a lo que fue es colocar una carga irreal en sus hombros. Es imposible colocar una fecha límite a su duelo afectivo. Recuerde que muchos factores entran en juego en el duelo y cada persona tiene su tiempo para que éste pase.

Algunos padres comienzan a sentirse mejor a medida que comienzan a entender lo que sucedió conociendo toda la información. Otros comienzan a sentirse mejor después de la finalización de la causa judicial. No es que la justicia hace que lo que sucedió sea aceptable. No obstante, un resultado justo y razonable representa el fin de un capítulo en un libro de desafíos.

Algunos dicen que el segundo año es más duro que el primero. La mayoría de las personas se sienten significativamente mejor el tercer o cuarto año aunque algunos consideran que el tercer año es más difícil que el segundo. Las investigaciones demuestran que la mayoría de los sobrevivientes se sienten notablemente mejor después de cuatro años. Siempre habrá días malos y días buenos pero el dolor disminuirá con el paso del tiempo. Un día se sorprenderá al darse cuenta que puede estar triste sin sumergirse en el duelo. Al principio, estará feliz nuevamente, solamente por periodos cortos. Tener amigos y familiares que lo amen y acepten su manera de ser es una bendición. Ellos pueden ser más importantes que nadie más para ayudarlo a sanar.

Le sugerimos que escriba un diario o bitácora. Escribir en el diario es una buena manera de medir su progreso. Puede sorprenderse al ver que lo que escribe hoy muestra una mejora notable con respecto a lo que escribió hace tres meses. Es difícil decir cuándo comienza la sanación pero cuando mire hacia atrás, ya no será tan duro hacerlo.

Sugerencias

- Recuerde que su familia no es una "mala familia" o que su matrimonio no es un "mal matrimonio" porque surgen problemas difíciles. Sería inusual que su matrimonio y su familia no sufrieran. Aprender a vivir con la muerte de un hijo es una de las tareas más duras que cualquier familia puede experimentar.

- Trate de entender que es muy raro que dos personas experimenten el mismo duelo afectivo. Preste atención a sus propias necesidades de duelo afectivo y haga lo que sienta que es lo mejor para usted. Asimismo, intente respetar las necesidades de los otros que viven con usted.

- Intente seguir hablando con su pareja y con los demás hijos sobrevivientes sobre sus sentimientos. Intentar esconder los sentimientos de su familia es como cubrir el cáncer con un apósito. Siempre podemos sobrevivir al dolor. Todos estarán más saludables si expresan el dolor abiertamente. Es bueno llorar juntos.

- Si su familia no puede o no desea apoyarlo en su duelo afectivo, busque un grupo de ayuda de personas que lo entiendan. Considere las organizaciones que se han formado para ayudar a los padres del dolor como Mothers Against Drunk Driving (Madres contra la conducción en estado de ebriedad, MADD), Parents of Murdered Children (Padres de niños asesinados) y Compassionate Friends (Amigos Compasivos). Busque un psicólogo, un capellán un líder espiritual experto en ayudar a las personas que están experimentando el duelo después de un trauma.

- Recaude toda la información posible sobre cómo murió su hijo. Puede obtener esta información de los informes policiales, informes de la autopsia y preguntando a los testigos. Es importante recopilar estos datos por dos razones: Su mente descansará mejor si puede "entender" lo sucedido y recogiendo estos datos podrá culpar y responsabilizar a quien corresponda.

- Cuando ocurran desacuerdos o malentendidos en su familia, no intente transmitir enojo gritando o atacándose verbalmente entre ustedes. Hágase cargo de su enojo pero no intente culpar a otro miembro de su familia. Diga: "Te amo" cada vez que sienta un poco de amor. Estas palabras serán apreciadas.

- Si las necesidades sexuales son diferentes entre usted y su pareja, háblelo e intente llegar a un acuerdo razonable. Los abrazos tiernos entre los dos pueden ser salvadores aun cuando una sexualidad más explícita puede ser imposible.

- Considere tener una bitácora o un diario. Puede ser útil no sólo una manera de liberar sus sentimientos sino también una forma de ayudarlo a medir el progreso de su recuperación.

- Recuerde que permitirse sentirse mejor no significa que está olvidando o siéndole infiel a su hijo. Significa seguir teniendo el duelo afectivo pero estar menos agobiado por él. Significa que cree que la vida es importante porque continúa. Por su propio bien y el de otros que lo necesitan y aman, usted tiene la responsabilidad de sentirse mejor.

- Tenga paciencia. Tenga en cuenta que el tradicional "año de duelo" no es suficiente. Solo la combinación de tiempo, paciencia y esfuerzo lo guiarán hasta aliviar el dolor y nunca podrá liberarse totalmente del él. Cuánto decida esforzarse y cuánto tiempo durará depende de usted.

Lo que deseo recordar de este capítulo

Capítulo cuatro

LA MUERTE DE UN HERMANO O HERMANA

> Un vínculo especial.
> Una relación preciada.
> Una pérdida profunda.
> Hermana. Hermano.
> Un vacío doloroso.
> Por favor, compréndanlo.
>
> – *Jean Lewis*

La muerte de un hermano o hermana es una crisis para los hermanos menores y adultos. No obstante, suelen ser dolientes ignorados.

Los hermanos jóvenes son vulnerables a problemas emocionales similares a aquellos que sufren sus padres después del trauma. Sin embargo, es interesante ver cómo muchos niños parecen sobrellevar la situación mejor que los adultos. A veces, porque su duelo es intermitente, los adultos piensan que están sobrellevando mejor la situación de lo que sucede en realidad. Gran parte de lo que entendemos sobre el duelo de los adultos también es válido para los niños:

- Una muerte violenta y repentina requiere habilidades para sobreponerse que son diferentes a las necesarias en el caso de una muerte anticipada y no violenta.

- Si un niño tiene dificultades emocionales antes de la muerte de un hermano(a) y/o si su familia sufre discordia matrimonial, el niño puede ser más vulnerable a los efectos a largo plazo del trauma.

- Si alguien asesina al hermano o la hermana de un niño en un momento en que hubiera dificultades en la relación entre ellos, la culpa puede hacer que la muerte sea más difícil de sobrellevar.

- Si un niño tiene el apoyo emocional de su(s) padre(s) o un cuidador mayor después de la muerte y es alentado a expresar sus sentimientos, por lo general el niño se adaptará satisfactoriamente.

Si usted es padre/madre de un niño que ha sido asesinado, probablemente se sienta necesitado por demasiadas personas. Intenta consolar a su pareja, familiares y amigos porque no pueden comprender qué le ocurrió a su familia. En algún punto, las necesidades de dichas personas pueden abrumarlo y usted debe alejarse para sobrevivir.

Podrá sentirse tentado de alejarse de sus hijos embarcándolos en un avión o un ómnibus para visitar a alguien que los quiere. Desea poder ayudarlos a evitar el dolor y se siente culpable porque no puede consolarlos. Simplemente, "sostenerse" a sí mismo puede ser su mayor prioridad o la única tarea que puede manejar.

Después de una muerte repentina, lo mejor para las familias es mantenerse unidas y vivir el duelo juntas. Un niño joven no debe presenciar el colapso total de alguno de sus padres, pero las lágrimas que desbordan debido a la tristeza por lo que ha ocurrido deben compartirse. Es imposible ir por la vida sin dolor. Sería maravilloso si pudiéramos prometer a nuestros hijos una vida sin dolor. No podemos. Vivir el duelo juntos le enseñará a su hijo que suceden cosas horrendas e injustas y que todos pueden sobrevivir a ellas.

Los hijos pequeños toman a sus padres como modelos. También creen, al menos hasta que entran en la adolescencia, que los padres son todopoderosos y omnisapientes. Confían mucho más en usted si se muestra honesto con sus sentimientos y si no le dice una "verdad a medias" sobre lo que ocurrió. Un niño que mira mucha televisión y ve muchas películas pudo haberse formado ideas desfiguradas sobre la muerte. Por lo tanto, una comunicación honesta puede constituir un aprendizaje valioso para su hijo.

Al igual que los adultos, los niños tienen diferentes maneras de reaccionar ante la muerte. La edad, las costumbres étnicas, las creencias religiosas y las relaciones que tuvieron con el hermano(a) antes de la muerte influyen en su totalidad en la forma de reaccionar. Sin embargo, cómo reaccionan los padres a la muerte es el factor determinante en la reacción que tendrán los niños sobrevivientes.

Sin embargo, los niños no son adultos en miniatura. Los niños tienen sus propias maneras distintivas de comprender las cosas. Gran parte de ello depende de la edad que tienen.

Los niños jóvenes difieren de los adultos en que pueden soportar sentimientos fuertes sólo durante poco tiempo. En su calidad de adulto, usted puede sentir que su duelo continúa sin cesar. Dentro de unos años, usted mirará hacia atrás y verá que está mejor que antes, pero en este momento le puede parecer que el dolor es constante.

Un niño, por otro lado, vive el duelo más profundamente durante un tiempo y luego perecer estar contento y despreocupado. Los comportamientos varían enormemente de una hora a hora. En un momento, el niño puede estar manifestando un brote violento de enojo. Al minuto siguiente, puede que quiera jugar.

Los niños viven el duelo en forma intermitente durante años después de la muerte de un hermano o hermana. A medida que atraviesan las etapas de desarrollo, comprenden la muerte de diferentes maneras y el duelo regresa según su nuevo nivel de comprensión y madurez emocional. Las etapas evolutivas varían enormemente en los niños al igual que sus entornos. Por eso, la edad específica de un niño no es siempre un indicador claro de cómo vivirá el duelo. Las franjas etarias que se muestran a continuación deben interpretarse muy libremente.

Bebés y niños de hasta 2 años

Antes de los tres meses aproximadamente, el bebé puede estar tan contento con otros cuidadores como con su mamá, a menos que la mamá lo amamante. Tiene pocos o ningún recuerdo sobre los familiares cuando están fuera de su vista. Si un cuidador permanente lo sigue criando y cuidando, el niño reaccionará sólo mínimamente a una pérdida en la familia.

A medida que el bebé crece, suele desarrollar ansiedad frente a los extraños, una señal de que está unido a su mamá o algún otro cuidador mayor. A partir de esa edad en adelante, un niño que pierde a alguno de sus padres va a vivir un duelo. Conoce claramente a dicho padre y depende de él para alimentarse, vestirse, bañarse, comunicarse y jugar con él. Su duelo después de la pérdida de uno de sus padres puede parecerse a una angustia difusa. Puede lloriquear, mostrar falta de apetito, pérdida del habla si ya ha aprendido a hablar y, finalmente, una silenciosa resignación. Sin embargo, no es probable que un bebé más grande viva profundamente el duelo por un hermano(a), a menos que éste haya asumido una función importante como cuidador.

Pero, un bebé más grande absorbe las reacciones emocionales de su hogar. Por lo tanto, es importante brindarle una calma atención protectora. Las explicaciones sobre la muerte no tienen ningún significado para él. Lo qué hacen las personas que lo quieren es más importante que lo que le dicen. Tenerlo en brazos, abrazarlo y acariciarlo son formas de asegurarle que recibirá cuidados. Son más importantes que las palabras.

De los cuatro a los seis años

Un niño en esta franja de edad todavía no puede comprender qué es la muerte o que es algo permanente. No obstante, es probable que haya descubierto pájaros muertos en el jardín o que haya visto algo muerto que simplemente se levantó y desechó. Entonces, un niño pequeño puede responder a la muerte de un hermano(a) de manera bastante común y corriente. Puede hablar de la muerte del hermano(a) casi como hablara de la muerte de una mascota. Podrá ser conciente de que pasó algo que está mal, pero no que sea devastador. Esto puede ser muy terrible para los padres que no entienden que su respuesta es normal para su etapa de desarrollo.

La mejor forma de explicarle la muerte de un hermano(a) a un niño pequeño es en términos físicos, porque su pensamiento es concreto: "Tu hermano estaba en el auto cuando otro auto lo chocó. El otro auto golpeó con tanta fuerza que su cuerpo quedó aplastado dentro del auto. Se lastimó tanto que su corazón dejó de funcionar y nadie pudo hacerlo andar de nuevo. Por eso, tu hermano ya no respira. Ya no puede hablar ni moverse. No tiene sentimientos. No puede sentir el calor o el frío, ni sentirse mojado o seco. La parte de él que sigue aquí no siente alegría ni tristeza. Su cuerpo ya no siente nada, por eso lo vamos a enterrar (o la elección de su familia en cuanto al lugar definitivo dónde descansará el cuerpo)".

Le resultará difícil a un niño de esta edad comprender el concepto de alma o espíritu. Si usted cree en la vida espiritual después de la muerte, sigue siendo importante explicarle a su hijo que el cuerpo del hermano(a) será enterrado o cremado. Podría explicarle que la parte que ahora vive es la parte que era capaz de amar y tener sentimientos.

Si se le dijo a su hijo que su hermano(a) se "ha ido al cielo y ahora está feliz con Dios", pero él ve a la familia extremadamente triste, puede verse confundido. Si posteriormente se entera de que su hermano(a) está en una casa funeraria o en un cementerio, puede sentirse traicionado.

Si su hijo tiene entre cuatro y seis años distingue, en alguna medida, lo que está bien de lo que está mal, no tanto por su sentido interno de moral, sino porque ha sido elogiado por hacer las cosas "bien" y ha sido reprendido por hacer las cosas "mal". Sigue creyendo en muchas creencias místicas basadas en historias que escucha y en programas de televisión que ve. Por eso, es bastante fácil para él creer que su hermano(a) murió porque hizo algo mal. Si él hubiese deseado que su hermano(a) se fuera, como desean a veces todos los hermanos(as), puede que esté convencido de que ese deseo fue responsable de la muerte. Muchos niños desean la muerte. Su familia ha sido invadida por la muerte. Su hijo puede suponer, entonces, que fue culpa de él.

Es extremadamente importante que su hijo sepa que la muerte de su hermano o hermana no fue su culpa. Explicar la muerte en términos concretos y físicos será de utilidad para el niño.

Porque el vocabulario de su hijo pequeño sigue siendo limitado -en especial cuando se trata de describir sentimientos- es probable que trate de comprender la muerte a través del juego. Usted puede brindar apoyo a su hijo si le presta atención a lo que juega, ya sea que esté representando la muerte, jugando al funeral o "jugando a que es un adulto" (y que tiene que hacer las tareas de la casa). Preguntas tales como "¿Cómo se siente el hermanito?" pueden ayudar a que su hijo comience a verbalizar lo que siente por sí mismo.

A esta edad, es bastante natural que su hijo desarrolle problemas de alimentación o sueño. De hecho, es muy probable que el niño tenga problemas de sueño si su hijo ha oído que su hermano o hermana se "murió mientras dormía" o que morirse es "casi lo mismo que irse a dormir".

También pueden volver a aparecer problemas intestinales o urinarios y son síntomas frecuentes de estrés emocional. Consulte con el médico si los problemas son intensos o si duran tanto que usted sienta que están afectando la salud de su hijo.

De siete a once años

En algún momento dentro de esta franja, su hijo comprenderá que la muerte es algo definitivo y que todos morimos al final. Este reconocimiento puede ser traumático porque el niño sigue dependiendo tanto de su familia que no puede imaginarse sobrevivir sin ellos. Puede darse cuenta de que él también morirá. Este nuevo conocimiento es aterrador para cualquier niño. Cuando su hermano o hermana, que puede ser casi de su misma edad, murió, se enfrentó con la muerte en forma íntima, a pesar de que puede ser que el niño jamás haya reflexionado sobre ello. Ahora se da cuenta de que los niños, no sólo los ancianos, pueden morir.

"Mi hermano mayor, Joshua Erik Jones, de 9 años, fue atropellado por un auto el 8 de julio. Me sentí MUY TRISTE. ¡Ahora me siento MUY FURIOSO con el hombre que mató a mi hermano! Estaba realmente muy, muy ebrio. No tiene que quedarse en la cárcel mucho tiempo. Y estoy furioso por eso también. Ese hombre se portó muy, muy mal. Espero que Josh esté aprendiendo muchas cosas allá arriba con Dios. No me gusta dormir en mi cama porque Josh no está en la habitación. Extraño mucho, mucho a Josh. Quería mucho, mucho a Josh. Final".

— *Jessica Jones, de 7 años.*

Los niños de esta edad ven la muerte como un atacante que invade y se lleva la vida. Su hijo puede tener miedo de que él también muera. Es un miedo realista, basado en lo que ha ocurrido. No sería poco habitual que su hijo desarrollara miedos o fobias a cualquier cosa relacionada con la muerte. Puede quejarse de dolores físicos, aislarse y volverse excesivamente cuidadoso y precavido. Algunos lo demuestran con el comportamiento, volviéndose más agresivos que antes.

Si su hijo está en esta franja de edad, ha tenido más años para experimentar la rivalidad entre hermanos, más recuerdos de peleas con su hermano o hermana y más deseos de muerte que los hermanos menores.

Con mucha mayor intensidad que cuando era más chico, puede sentir que él mismo fue responsable por la muerte de su hermano(a). No tiene la madurez intelectual suficiente para convencerse de su inocencia, por eso necesitará ayuda para valorar la culpa adecuadamente. Tal como recordará de capítulos anteriores, los padres también luchan contra una culpa enorme cuando un niño en la familia ha sido asesinado.

El niño que está en esta franja de edad ya tiene un vocabulario extenso y puede pensar en forma suficientemente abstracta para expresar de manera abierta su dolor, miedos, enojo y culpa. No sólo es sensible a sus propios sentimientos, sino que también puede comprender los sentimientos de los demás. Puede sentir empatía. No sólo necesita consuelo y apoyo, sino que también puede ser fuente de consuelo y apoyo para los demás. Así, se sentirá mejor. No obstante, jamás se le debe hacer creer al niño que es responsable de hacer que la familia se sienta mejor. No es un padre. Sigue siendo un niño.

Es importante que su hijo participe plenamente del duelo familiar.

Se le debe decir la verdad. Si jamás ha asistido a un funeral, se le debe decir exactamente qué irá a ver allí. Se le debe dar participación en las decisiones sobre el funeral y los ritos fúnebres durante los meses y años subsiguientes. Se le debe alentar a ser franco con su duelo. Es muy importante que usted no le oculte su duelo.

Mientras el niño presencia su duelo, puede intentar reemplazar a su hermano(a) difunto(a) y ver en ello un medio para sobreponerse. Debe decirle claramente que nadie puede reemplazar al niño que murió, como tampoco nadie podrá reemplazar al niño sobreviviente en su corazón de padre.

Evite poner al niño difunto en un pedestal. Es importante que usted recuerde al niño que murió de la forma más realista posible. Dada la culpa en torno a los malos momentos, es fácil empujar dichos momentos fuera de la consciencia y recordar a su hijo como casi perfecto. Esto puede ser devastador para los hermanos. A ellos les parece que usted los quiere menos y que no pueden estar a la altura de lo que oyen cuando usted describe a su hijo muerto. Esto puede provocar que se aíslen ahora o en un futuro cuando lleguen a la adolescencia.

Un niño dentro de esta franja de edad puede tener dificultades en la escuela. Los niños que viven un duelo están confundidos y tienen dificultades para concentrarse, al igual que sus padres. Los problemas crónicos en la escuela pueden ser señales de un estrés subyacente más profundo. Se debe buscar ayuda profesional.

Hermanos adolescentes

El objetivo evolutivo de la adolescencia es "irse de la casa" separándose primero emocionalmente y, después, físicamente. En el proceso de preparación para la separación, su hijo se vuelve menos próximo a la familia y más próximo a sus pares. Su hija descubre quién es y en qué cree aventurándose en un territorio desconocido.

Está insegura y puede mostrar cierto egocentrismo a modo de compensación. Está sufriendo varias pérdidas a medida que atraviesa la adolescencia: la pérdida de la seguridad de tener una madre y un padre que toman decisiones por ella, la pérdida de la inocencia y la pérdida de las protecciones por parte de su familia.

Porque su hija adolescente es inestable e insegura, la muerte repentina de un hermano o hermana es algo que su hija no desea enfrentar en absoluto. Sabe que debe hacerlo, pero puede intentar enérgicamente eludir lo inevitable. Se enfrenta con varios dilemas. Tiene la suficiente madurez para comprender la vida como un adulto. Sin embargo, es más vulnerable que muchos adultos porque está atravesando tantas otras pérdidas y cambios.

Una adolescente tiene la capacidad de sentir empatía, pero como, en última instancia, tiene que ser egocéntrica para convertirse en "su propia persona", puede creer que nadie ha tenido esos sentimientos profundos y poderosos que ahora está experimentando. De hecho, la mayoría de los adolescentes no ha experimentado nada tan devastador como la muerte de un hermano(a). Si bien una adolescente debe apoyarse en sus padres para tener un respaldo, puede mostrarse reticente a dejar que dichas emociones profundas aparezcan porque tiene miedo de que parezca nuevamente una niña pequeña.

> "Nuestros tres muchachos fueron atropellados por un conductor ebrio. Dennis y Tim murieron instantáneamente. Jeff sobrevivió. Han pasado seis meses y nuestra hija Pam, de 16 años, todavía no puede hablar de los muchachos. Mi esposo y Jeff casi no lo hacen".
>
> – Ilene Hammon

Es probable que la adolescente esté luchando con los mismos problemas que su hermano menor, inclusive sentir culpa por la rivalidad entre hermanos si tuvo recientemente un conflicto abierto con el hermano o hermana fallecida. La joven puede pensar que debe ocuparse de sus padres que están devastados o incluso trata de ocupar el lugar del hermano muerto. Como padre afligido por la pérdida de un hijo, usted puede sentirse inclinado a recurrir a la hija adolescente que no ha fallecido para pedirle apoyo emocional. Esta exigencia, si es una sensación constante, puede ser abrumadora. También puede impedir que su hija adolescente "crezca" y, en consecuencia, se alejará de la familia y se volverá más allegada de sus pares.

Una fuente adicional de estrés para la adolescente sobreviviente es la sobreprotección de los padres. Es casi imposible para cualquier padre cuyo hijo ha sido asesinado no sentir una gran ansiedad cuando la adolescente sobreviviente está fuera de casa con sus amigos. Los adolescentes sienten que esta sobreprotección es agobiante y asfixiante.

La combinación de todas estas presiones puede hacer que la hija adolescente sobreviviente se vuelva autodestructiva y comience a consumir alcohol u otras drogas, que se escape de su casa o que corra ciertos riesgos tales como jugar "a las carreras de autos" en un auto. Correr riesgos mortales, por así decirlo, puede ser un intento de obtener el control. También puede ser una forma de escape. Moverse con velocidad, tener la música a todo volumen y perder el sentido de la realidad consumiendo drogas son elecciones que puede hacer la adolescente para huir del dolor.

Como padre de un adolescente que ha perdido a un hermano o hermana, trate de ser honesto y bríndele apoyo emocional, pero no se sorprenda si la joven necesita huir. Hacer esto es, en cierta medida, parte del desarrollo normal del adolescente. Se vuelve mucho más comprensible cuando el hogar está repleto de dolor y ella tiene miedo de sus propios sentimientos.

Es probable que la adolescente hable más con sus amigos sobre la muerte de su hermano o hermana que con usted. Puede que responda mejor a otro adulto que está predispuesto a escucharlo porque no tiene que preocuparse de que su dolor hiera a dicha persona tanto como lo hiere a usted. Usted no debe sentirse desalentado si la joven se acerca a alguna otra persona que no sea usted. Es normal para esa etapa del desarrollo.

Hermanos adultos

Muchas personas no logran reconocer la profundidad del duelo en los hermanos adultos. Si su hermano(a) era mayor, usted compartió la vida con él o ella desde que nació. Aunque su hermano(a) fuera menor, quizás no pueda recordar la vida sin él o ella.

Una relación de hermanos conlleva un vínculo donde la preferencia no se puede cortar. Cuando murió su hermano, no sólo perdió a alguien a quien amaba, sino que se perdió el rol de dicha persona en la familia. Si su hermano(a) organizaba fiestas familiares y comidas para las fiestas, alguna otra persona deberá asumir ese rol ahora. Si su hermano era el pacifista durante las peleas familiares, alguna otra persona debe asumir esa responsabilidad. Es normal que usted y los demás hermanos traten de "hacerse cargo" de algunos de estos roles. Puede que algunos cambios ocurran con bastante naturalidad y facilidad, mientras que otros se sientan extraños y creen conflictos dentro de la familia.

Parte de su rol en la familia puede estar vinculado con el orden de nacimiento. Si murió su hermano(a) mayor, es probable que haya perdido a un cuidador o a alguien a quien siempre admiró. Si murió el "bebé" de la familia, es probable que haya perdido a alguien a quien más protegía. Si la diferencia de edad era muy grande entre usted y el hermano o hermana que falleció, puede que sienta casi como si hubiera perdido a uno de sus padres o a un hijo.

Cuando muere un hermano o una hermana, también usted experimenta una brecha en el orden de nacimiento. Si asesinaron al hermano(a) mayor, el segundo hermano(a) en el orden de nacimiento es ahora el mayor. Si sólo eran dos hermanos en total, ahora usted es hijo único. Si el hermano asesinado era su gemelo o parte de un nacimiento múltiple, puede que usted sienta que murió una parte de usted mismo. Deberá esforzarse mucho racionalmente para evitar llegar a la conclusión de que murió la persona equivocada.

Muchos hermanos que están de duelo tienen dificultades para responder a las preguntas sociales. Cuando alguien le pregunta de casualidad "¿Cuántos hermanos tiene?" o "¿Cuántos integrantes hay en su familia?" puede que usted se sienta incapaz de responder. No hay una manera "correcta" de responder a estas preguntas y puede responder de forma diferente en cada ocasión, según cómo se sienta y la situación en que se encuentre usted.

Si suponemos que tuviera tres hermanos y mataron a uno de ellos, puede que quiera decir "Tengo tres hermanos; dos están vivos y a uno lo mataron". Puede que quiera decir "Tengo tres hermanos" y nada más. Por otro lado, puede que quiera decir "Tengo dos hermanos". Tiene derecho a responder a estas preguntas de cualquier manera que lo haga sentir cómodo. Puede responder según cada situación y si tiene ganas de hablar más del tema o no.

Para algunos hermanos que están de duelo, el hecho de que la muerte de su hermano(a) haya alterado la relación con sus padres es profundamente doloroso. Es posible que, debido al estrés de sobreponerse a la muerte de su hijo, sus padres reaccionen hacia usted de tal manera como si usted todavía fuera un niño pequeño. Están luchando contra lo absurdo y contra el orden no natural que implica el hecho de que uno de sus hijos haya muerto antes que ellos.

Puede que encuentre a sus padres intentando consolarlo a usted a expensas de ellos mismos o intentando protegerlo a usted de la realidad de la muerte. Es probable que estén aterrados ante la posibilidad de que muera otro familiar y que estén haciendo esfuerzos excesivos para controlar sus actividades. Si este comportamiento crea una barrera en la familia, hable con sus padres y sugiérales formas concretas para que le brinden apoyo. Por su parte, invítelos a decirle qué puede hacer usted para consolarlos. En momentos de crisis, es muy fácil volver a viejos hábitos entre padres e hijos, pero no tiene por qué ser de esa manera. Ellos deberán ceder un poco, pero usted también.

Asimismo, puede que usted vuelva a patrones de conducta antiguos, para intentar proteger a sus padres. Puede que sienta que ellos están muy heridos como para tener que preocuparse por usted. Es probable que usted haga esfuerzos desmedidos para ocultarles su dolor. Podría parecerle acertado tomar decisiones por sus padres o asumir responsabilidades paternales para intentar cuidar de ellos. Puede terminar "siendo el padre de sus padres". Pero habitualmente los hijos adultos y los padres se cuidan mutuamente porque ello les da algo para sobrellevar el duelo. Pregunte si sus padres sienten que usted los está sobreprotegiendo o asfixiando. Respete su respuesta y adáptese lo más que pueda.

De alguna manera, puede que sienta como si además de perder a su hermano(a), ha perdido a sus padres. Tal vez, sus padres hayan sido siempre fuertes y hayan estado a su disposición en momentos de crisis. Aunque ya no esté tan cerca de sus padres, puede ser increíblemente doloroso darse cuenta de su vulnerabilidad y debilidad. Quizás ésta sea la primera vez que haya recurrido a sus padres para pedir ayuda y ellos no hayan podido resolver el problema y facilitar las cosas para usted. Tal vez, usted tenga que vivir el duelo por la pérdida de sus padres, de esos padres que siempre se mostraron fuertes, teniendo el control de todo, jamás vulnerables.

En última instancia, forjará probablemente una nueva relación con sus padres. Hable con ellos sobre lo que observa y pídales que le digan a usted si lo ven diferente. Dígales que desea usar estas nuevas formas de comprender las cosas para construir una relación nueva y más madura con ellos.

Como si viera a alguien arrojar una piedra a un lago, puede que usted experimente otras pérdidas conectadas con la muerte de su hermano(a). Si su hermano(a) estaba casado(a), su familia puede llegar a perder contacto con el(la) viudo(a) y con sus hijos. Si usted desea mantenerse conectado con ellos, es recomendable que manifieste sus deseos en forma directa y asuma la responsabilidad de mantenerse en contacto. Finalmente, muchos viudos y viudas vuelven a casarse, lo cual puede ser una fuente de dolor para la familia del esposo(a) muerto(a). Recuerde -si puede- que nadie reemplazará a su hermano(a) y que volver a casarse no es un acto de deslealtad. Probablemente, el nuevo cónyuge se sienta muy inseguro con respecto a la relación con la familia del difunto y le resultará útil algún tipo de aclaración de parte de ustedes.

Si su hermano(a) tenía hijos, son recordatorios valiosísimos de su hermano o hermana. Descubrir rasgos y características físicas en sobrinos y sobrinas que se parezcan a su hermano(a) es algo feliz y doloroso a la vez. En forma similar, los momentos especiales de su vida, graduación, matrimonio, nacimiento de un hijo serán agridulces, ya que siempre resaltarán la ausencia de su hermano(a). Los niños, en especial los que eran pequeños cuando falleció su padre o madre, recurrirán a usted y a otros porque querrán conocer cosas sobre el padre (madre) ausente. Mantener una relación con sobrinos y sobrinas es la forma que tienen algunos hermanos que están de duelo para honrar la memoria de su hermano(a) fallecido(a).

Si usted está casado, su propio cónyuge puede sentirse como uno de los sobrevivientes olvidados. Tal vez su cónyuge tenía una relación muy especial con su hermano(a), sin embargo no tiene los mismos lazos oficiales con la familia. No se olvide de incluir a su cónyuge y los cónyuges de otros hermanos y hermanas en eventos familiares después de la muerte de uno de los hermanos. Ellos también han perdido a esa persona que era usted antes de que su hermano o hermana fuera asesinado(a). A pesar de que el dolor de los cónyuges puede ser diferente, se debe reconocer y aceptar dicho dolor tanto como el suyo.

Sugerencias

- Sea cuidadoso con la explicación de la muerte con verdades a medias a sus hijos menores que necesitan explicaciones honestas y concretas sobre qué le ha sucedido. Si el niño escucha "Tu hermana va a estar lejos durante mucho tiempo" puede que el niño sienta que su hermana lo abandonó. Puede interpretar la deserción como un castigo y desarrollar fuertes sentimientos de culpa. "Tu hermano se fue al cielo" es en sí imposible de entender para un niño pequeño, en especial cuando se entera de que el cuerpo está enterrado en el cementerio. La frase "Morirse es como irse a dormir" puede asustar al niño y puede darle miedo ir a la cama o dormir la siesta. "Tu hermana se fue al hospital y murió" puede hacer que el niño concluya que los hospitales hacen que la gente se muera. "Tu hermano murió porque se enfermó" puede hacer que el niño le tenga miedo a cualquier enfermedad.

- Dedique tiempo a jugar con el niño pequeño quien quizás no tenga las herramientas comunicativas adecuadas para hablar sobre sus sentimientos y reacciones.

- Ayude a su hijo a expresar sus sentimientos mostrándose dispuesto a expresar los suyos propios. Hágale preguntas a su hijo. Si se muestra reacio, formule las preguntas como si fueran de otra persona. "¿Qué le dirías a Jimmy si te preguntara que le pasó a tu hermano?"

- Recuerde que la mayoría de los niños vive el duelo en forma intermitente más que en forma crónica. Por eso, no se angustie porque su hijo tenga períodos en que la muerte de su hermano o hermana no parezca importante.

- A los niños les puede resultar más fácil que a los padres despojarse de las pertenencias personales del difunto. Además, les puede resultar más fácil "apartar el duelo" y encontrar la normalidad en la escuela o mientras juegan. Recuerde que los amigos del niño fallecido pueden sentirse reconfortados si les da algo que perteneció a su hijo.

- Proteja a sus hijos impidiendo que presencien un colapso emocional, pero, por el contrario, comparta su duelo con ellos para que aprendan que las familias pueden sobrevivir a experiencias muy dolorosas.

- Durante los primeros días de duelo, es útil que los niños tengan un "aliado" personal para brindar estabilidad y comprensión. Esta persona calma la ansiedad del niño y hace que la responsabilidad total de los padres se vea aliviada.

- Los hermanos de seis, siete o más años deben recibir todos los datos sobre la muerte de su hermano o hermana a medida que se van sabiendo. No contarles la verdad sólo hace crecer en ellos la sensación de que no le importan a la familia.

- Si ve a otro niño que le recuerda a su hijo(a) fallecido(a), destaque el hecho frente a los hermanos y explíqueles el espasmo de duelo que ha causado. Los comportamientos misteriosos de parte de los padres aumentan el miedo del hermano a sentirse abandonado o a que no lo quieren tanto como al hijo fallecido.

- Aunque usted comparta su duelo con sus hijos sobrevivientes, no dependa de ellos para que se ocupen de usted emocionalmente. Reconozca que los hijos adolescentes quizás no quieran pasar el duelo con usted. No les pida a los hermanos sobrevivientes que "sean fuertes" por usted o por alguna otra persona. Es una carga muy pesada de llevar.

- Hable con los hermanos y hermanas sobrevivientes de los recuerdos agradables del niño que murió así como también de los recuerdos desagradables. Esto les ayudará a comprender que el niño que murió no era perfecto. Poner al niño difunto en un pedestal puede provocar una gran inseguridad en los hermanos sobrevivientes.

- Trate de no sentirse amenazado si los hermanos adolescentes buscan apoyo en otros adultos o en pares. Esto es normal para su etapa de desarrollo.

- Como hermano adulto, dedique un poco de tiempo a pensar en el rol de su hermano y hermana en la familia y cómo puede permitir que surjan transiciones de roles sensibles y significativas dentro de la familia. Sea gentil consigo mismo y con sus padres.

Lo que deseo recordar de este capítulo

Capítulo cinco

LA MUERTE DE UN COMPAÑERO, PAREJA O AMANTE

La muerte repentina o violenta de un esposo(a), pareja o amante es una de las pérdidas más estresantes. Independientemente de su edad, no está preparado para ser abandonado repentinamente por la persona con la cual contaba.

Puede encontrar muchos libros que tratan sobre la muerte de un cónyuge en su librería local, pero la mayoría de ellos trata la muerte provocada por una enfermedad. En este capítulo, nos concentramos en los aspectos del duelo relacionados con una muerte repentina.

Roles y responsabilidades

Su compañero(a) cumplía probablemente varios roles en su casa y en su vida. Su compañero(a) era su co-administrador del hogar y, en muchos casos, compartían la crianza de sus hijos, ya sea biológicos o hijastros. Juntos decidían cómo gastar el dinero, tomar decisiones profesionales, disciplinar a sus hijos e invitar amigos a su casa. Su compañero(a) o pareja ha sido, quizás, su mejor amigo.

Si usted y su compañero(a) compartían la mayoría de estos roles, puede que ahora se sienta abrumado(a) porque es el(la) único(a) responsable por ellos.

Las parejas dividen responsabilidades de diferentes maneras. Algunas eligen separar las responsabilidades en vez de compartirlas. Por ejemplo, uno de los integrantes puede pagar las cuentas, mantener el auto y el jardín, decidir en cuanto a las compras grandes y llevar un registro financiero. El otro integrante puede ser responsable del mantenimiento del hogar, la atención primaria de los hijos y de organizar reuniones en el hogar. Después de una muerte imprevista, el sobreviviente de la pareja debe asumir de pronto nuevos roles que se sienten extraños y frustrantes. Estar obligado a aprender varios roles nuevos en medio del duelo es una tarea monumental.

Puede que jamás haya utilizado la lavadora o la secadora de ropa. Puede que jamás haya planeado un menú semanal y una lista de compras. Quizás no sepa cocinar. Tal vez no conozca absolutamente nada sobre el mantenimiento de un automóvil. Quizás no sepa hacer reparaciones en el hogar. Puede que no sepa qué registros guardar para la declaración del impuesto a los ingresos. Puede que no entienda nada acerca de las cuentas bancarias, anualidades, inversiones u otros asuntos financieros de los cuales ahora es responsable.

La frustración implícita en el aprendizaje de las tareas, una por una, se ve incrementada aún más si usted también asume la responsabilidad exclusiva de la crianza de los niños. También los niños están de duelo y todos ustedes se sienten abandonados, aunque la muerte no haya sido decisión de su pareja.

Además de todo esto, su seguridad financiera se puede ver amenazada. Si la persona fallecida aportaba la totalidad o una parte de los ingresos del hogar, puede que usted note un cambio completo en su estilo de vida. En un capítulo posterior de este libro, le ayudaremos a atravesar los primeros meses, pero finalmente quizás deba hacer grandes cambios para ser responsable y poder mantenerse económicamente.

Lamentablemente, debe estar preparado para notar cambios en la forma en que lo perciben sus amigos. Si usted y su compañero(a) compartían las mismas relaciones sociales con otras parejas, puede que sienta que ya no "encaja" en el grupo. Si sigue estando incluido, puede que se dé cuenta de que, a pesar de estar presente, se siente solo en el grupo. Puede comenzar a sentirse incómodo al lado de las parejas de otras personas, sintiendo que sus interacciones podrían malinterpretarse. Si sus relaciones sociales se centraban en el empleo o círculo de amigos de su compañero(a), puede sentir que ya no pertenece.

La ausencia de intimidad física es uno de los aspectos más difíciles de la muerte de un compañero(a). El interés sexual se desvanece a medida que usted vive el duelo, pero la mayoría de las personas sigue necesitando tocar y abrazar a alguien. Estos anhelos no se satisfacen hasta que se establece otra relación. Sin embargo, una nueva relación puede ser lo último que se le cruce por la cabeza. Esta actitud puede cambiar, según su edad y la calidad de la relación previa, pero justo ahora usted no querrá pensar en ello.

Dependencia/Independencia

Para mejorar el proceso de curación, es importante que entienda los problemas de dependencia/independencia a medida que intenta sobrellevar la muerte de su compañero(a). Es natural que dos personas que viven juntas dependan emocionalmente una de la otra. El nivel de dependencia que ponga en su compañero(a) puede tener una influencia significativa en el estado de su duelo.

Algunas parejas tienen una dependencia mutua absoluta. Cada integrante se siente la mitad de un todo. Con la muerte de la otra mitad, le resulta difícil imaginarse funcionar por sí solo.

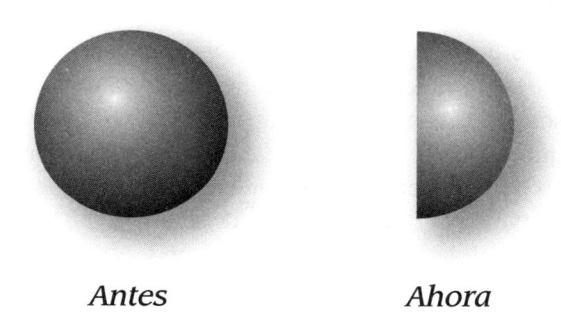

Antes *Ahora*

Algunas parejas comparten responsabilidades, pero cada miembro se siente un individuo independiente que pocas veces "necesita" del otro para sentirse bien consigo mismo. Se aman y disfrutan del otro, pero ninguno de ellos pierde el sentido de sí mismo cuando se muere su pareja.

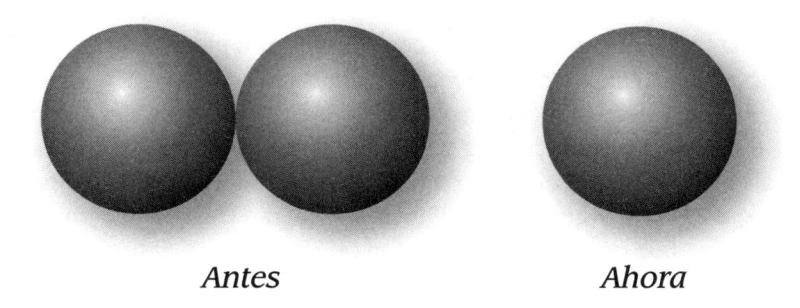

Antes *Ahora*

Otras parejas se sienten esencialmente independientes, pero se dan cuenta de que cada uno depende del otro para determinados aspectos de su vida. Experimentan dependencia e independencia al mismo tiempo.

Antes Ahora

Los compañero(a)s con algún grado de independencia generalmente pueden sobrellevar la muerte repentina de su pareja mucho mejor que aquellos que son excesivamente dependientes. Si usted tuvo una relación emocionalmente dependiente, tendrá la tarea, en última instancia, de aprender cómo ser una persona más independiente. Con el tiempo, se deshará de la imagen de "la otra mitad de una pareja" y mejorará su sentido de individualidad, pero necesitará tiempo y esfuerzo.

Si usted se separó satisfactoriamente de sus padres y logró un sentido de independencia y autonomía antes de comenzar una relación con su compañero(a) o pareja, este proceso puede ser como un redescubrimiento. Por otro lado, si usted fue dependiente originalmente de sus padres y, luego, se volvió inmediatamente dependiente de su pareja, puede resultarle difícil adaptarse a vivir solo(a). Redescubrir su autonomía puede exigir un crecimiento drástico si decide abocarse a ello mientras está viviendo el duelo por la muerte de su compañero(a). Puede resultarle útil consultar a un terapeuta especializado en duelos o un consejero familiar si siente que se está quedando estancado(a). O podría optar por hacer el trabajo de forma más lenta, más tranquila, comprobando su independencia a diario hasta que vea que se ha reorientado y adaptado.

Si bien tal crecimiento y adaptación en pos de la autonomía es tedioso y doloroso, muchos cónyuges sobrevivientes le dirán que el esfuerzo vale la pena. Aprender a soportar la situación en forma independiente es, a la vez, difícil y gratificante. Quienes lo logran valoran que finalmente hayan podido establecer otra relación originada por el deseo mismo más que por la necesidad.

¿Cómo es este tipo de crecimiento? Significa pasar de la falta de decisión a sentirse bien con la toma de decisiones independiente. Significa pasar de sentirse inútil a sentirse útil. Significa reemplazar la pena y los anhelos intensos por una celebración de lo que usted tuvo, cuyo recuerdo jamás perderá.

Si usted fue un compañero(a) más independiente, su adaptación quizás no le resulte tan difícil. Puede que no se sienta tan impotente y falto de decisión, pero aún así es posible que se pregunte por qué se siente tan ansioso(a) y solo(a). Algunas personas necesitan sentirse necesitadas. Los padres siempre se sienten necesitados cuando sus hijos son pequeños y, si bien eso es, a veces, engorroso, también hace sentir bien a los padres. Estos sentimientos cambian cuando los hijos crecen y se vuelven más independientes. Quizás, usted eligió vivir con una pareja que necesitaba de usted y lo quería o deseaba en igual medida. Si a usted le gustaba eso y lo hacía sentir importante, puede que ahora se sienta poco importante.

Para sentirse mejor, usted podría verse en la búsqueda de relaciones con personas dependientes. Es un sentimiento familiar. Si usted envía señales conscientes o inconscientes de que le gustan las personas dependientes, seguramente las encontrará.

Debe volver a evaluar los pros y los contras de una relación dependiente. Recuerde cómo era cuando su compañero(a) dependía tanto de usted. Tal vez, usted decida que desea relaciones diferentes en el futuro.

Relaciones satisfactorias/difíciles

Todas las personas experimentan alguna ambivalencia en sus relaciones. Aun en la más afectuosa de las relaciones, las parejas experimentan enojos ocasionales, inclusive hostilidad. Sin embargo, la mayoría de las relaciones son básicamente satisfactorias o básicamente conflictivas.

Si su relación con su compañero(a) era, en términos generales, satisfactoria, mutuamente gratificante y si usted tiene pocos recuerdos culposos, probablemente se sobreponga mejor que aquellas personas cuyas relaciones de pareja eran conflictivas.

Reflexione sobre la pérdida de una relación satisfactoria. Al dar una mirada más profunda, puede ver que a pesar de que lamenta profundamente la muerte de su compañero(a), usted tiene pocas cosas por las cuales sentir remordimiento o culpa. Atesora muchos recuerdos. Puede decir que su vida en pareja fue algo para celebrar.

Si la relación con su compañero(a) fue conflictiva, podría sentir, en realidad, algún alivio a medida que la conmoción por la muerte se desvanece. Sin embargo, ese alivio puede verse reemplazado por un remordimiento que no comprende. A pesar de que la relación fue negativa, los sentimientos y el vínculo pudieron haber sido sólidos. Incluso una relación difícil genera un vínculo.

Puede sentir culpa por no haber sido capaz de solucionar las cosas. Puede sentirse obsesionado(a) con los recuerdos que desea olvidar. Aunque sepa que es imposible, añora tener otra oportunidad para transformar su relación. A veces, la culpa es tan dolorosa que inconscientemente la reprime y, en realidad, se olvida de la hostilidad que sintió anteriormente. Lo que siente se transforma, literalmente, en una mochila muy pesada para cargar.

Esto no difiere de lo que sienten los niños pertenecientes a familias complicadas cuando se los saca de allí y se los coloca en hogares de acogida. Al principio, sienten alivio por estar seguros pero, finalmente, se olvidan del abuso y añoran volver a su hogar. Se convencen de que los problemas en la familia fueron por su culpa y están seguros de que las cosas serían diferentes si ellos pudieran volver a unirse a su familia.

Desear otra oportunidad cuando usted sabe que no la tendrá puede dejarle una sensación de culpa, depresión, ansiedad y anhelos de estar con su compañero(a) fallecido(a). Puede que decida consciente o inconscientemente que quedarse atorado en un duelo depresivo es la única manera de arreglar las cosas con su compañero(a) difunto(a). Racionalmente, sabe que esto no tiene sentido, pero puede ser difícil superar los sentimientos.

Su tarea para reponerse es recordar con franqueza las virtudes y debilidades de la relación. Es adecuado sentir remordimiento por los fracasos en la relación que hayan sido culpa suya. Sin embargo, es posible que usted coloque a su compañero(a) difunto(a) en un pedestal para contrarrestar los malos deseos que sintió hacia él/ella en vida. Puede que concluya que los problemas de la relación fueron todos culpa suya. Su tarea consistirá en evaluar la relación racionalmente. Pregúntese qué fracasos en la relación fueron culpa de su compañero(a). ¿Qué cosas de su compañero(a) le molestaban? ¿Qué cosas apreciaba? ¿Cuánta responsabilidad corresponde adjudicarle a su compañero(a)? ¿Cuánto le corresponde a usted? A medida que responda a estas preguntas, debe ser capaz de dejar a un costado una parte de su culpa irracional.

En suma, usted es quien es, en parte, por la relación que tuvo con su compañero(a). Ahora, sus experiencias para poder enfrentar la muerte de su compañero(a) lo han modificado a usted.

Probablemente, jamás esté "completamente recuperado(a)" por la relación o la pérdida de su pareja. Su vida en pareja ha influido en lo que usted es actualmente. Incluso cuando se sienta finalmente preparado(a) para empezar una nueva vida, no se olvidará del pasado. Su tarea consiste en comprender los cambios que se han dado, aceptarlos y desarrollar el resto de su vida de cara a esta nueva realidad.

Sugerencias

- Reflexione sobre los roles y responsabilidades que anteriormente le pertenecían a su compañero(a). Decida cuáles debe asumir usted ahora y cuáles son opcionales. Quizás desee pedirle a alguna otra persona que asuma algunas de las responsabilidades opcionales. Quizás decida que algunas de esas responsabilidades se pueden eliminar.

- No tome decisiones precipitadas que requieran grandes sumas de dinero. Acérquese a un amigo de confianza, familiar o un asesor financiero profesional para que lo ayude a tomar estas decisiones con inteligencia.

- Haga un esfuerzo por mantener algunas relaciones sociales, aunque ello signifique descubrir nuevos grupos o hacer nuevos amigos.

- Reconozca que tiene necesidades íntimas físicas y busque formas constructivas para satisfacerlas. Una solución práctica para contrarrestar la falta de contacto físico son los masajes brindados por un masoterapeuta profesional. Las mascotas que disfrutan de las caricias también pueden ser un consuelo. Incluso el cuidado de las plantas puede significar para usted un contacto íntimo con seres vivientes.

- Evalúe los aspectos de dependencia/independencia de su relación previa. Si decide que quiere hacer cambios en su persona, ahora que está solo(a), busque un consejero profesional que lo ayude a identificar y alcanzar esta meta.

- Si su relación era conflictiva, evalúela en forma realista. Al evaluar las responsabilidades, hágalo con objetividad y no asuma más responsabilidades de las que le corresponden. Identifique lo que le molestaba y lo que apreciaba de su compañero(a). Evalúe sus propias virtudes y debilidades.

- Convénzase de que enfrentar la muerte de su compañero(a) requerirá coraje, mucho trabajo y paciencia. Reponerse puede llevarle más tiempo del que cree. Comprenda que usted ha cambiado por lo que pasó.

- No deje que el miedo al dolor por el duelo lo lleve a eludir la situación volviéndose extremadamente activo(a), empezando nuevas relaciones en forma prematura o consumiendo grandes dosis de medicamentos, alcohol u otras drogas. Es mejor enfrentar el dolor y experimentarlo completamente en lo que le sea posible.

- Busque grupos de apoyo específicos para personas que han sufrido la muerte de un ser querido después de una muerta trágica o para personas que enviudaron. Irá ganando esperanzas de ponerse mejor a medida que vea cómo otras personas han sobrevivido, cambiado y enfrentado la situación.

- Comprenda que es probable que se enfrente con otras pérdidas, a pesar de que no es probable que sean tan traumáticas como la pérdida de su pareja. Trate de ser consciente de su progreso en el duelo por la muerte de su pareja. Identifique herramientas para sobrellevar el duelo que le ayuden en el futuro.

Lo que deseo recordar de este capítulo

Capítulo seis

LA MUERTE DE UNO DE LOS PADRES

La muerte de uno de los padres durante la adultez

No es raro que los adultos deban atravesar la muerte de alguno de sus padres. La mayoría de los padres mueren antes que sus hijos. Los hijos adultos se preguntan cuándo y cómo morirán sus padres. Sienten mucha tristeza cuando ven que sus padres se están volviendo olvidadizos, frágiles y más lentos.

Sin embargo, muy pocos hijos adultos contemplan la posibilidad de que un padre sea asesinado repentinamente. Si bien pueden pensar en cosas que les quisieran decir a sus padres antes de que estos mueran, la mayoría de los hijos adultos posponen esa tarea o les escriben una tarjeta para el Día de la Madre o el Día del Padre. Confían en que habrá un momento indicado en el futuro para decirles a sus padres cuánto los quieren y aprecian.

Cuando un padre muere asesinado o se quita la vida nada tiene sentido. Incluso cuando el padre/madre es anciano(a), el hijo adulto puede sufrir una devastación tan enorme como la descrita en los capítulos anteriores de este libro. Además, el asesinato de un(a) padre/madre presenta algunos aspectos únicos en el proceso de duelo.

Cuanto más vivió su padre/madre, más recuerdos atesorará usted. Asimismo, tanto más remordimiento tendrá por las cosas que hizo o no hizo.

Muchas personas se sienten como si fueran niños cuando visitan a sus padres, aunque tengan treinta, cuarenta o cincuenta años. La mayoría de nosotros desea compartir los buenos y malos momentos con nuestros padres. Incluso como adultos, queremos que nuestros padres estén orgullosos de nosotros.

Una parte significativa de crecer es "cortar el cordón umbilical", volverse independiente y tomar control de nuestras vidas. Hasta quienes logran su independencia de manera muy satisfactoria saben que, en cierto punto, en alguna parte de ellos siempre serán "el niño de sus padres".

Por eso, cuando muere uno de los padres, el hijo adulto puede sentirse de repente falto de cuidados y orientación. Esto es especialmente cierto si la muerte del padre/madre fuera repentina. Su pareja o compañero(a) tiene una relación única con usted que puede ser una fuente especial de cuidados y protección. Asimismo, su hijo lo ama de una manera especial. No obstante, después de que alguien asesina a uno de sus padres, puede que usted se dé cuenta de que su progenitor, en realidad, significaba para usted mucho más de lo que creía. Si se trata de la muerte del último de sus padres que quedaba vivo, volverse huérfano repentinamente puede dejarle una extraña y nueva sensación de inseguridad.

Otro componente difícil del duelo después de la muerte abrupta de los padres es la falta de dignidad. Todos esperan que sus padres mueran con dignidad. Muchos esperan poder decir que sus padres tuvieron una vida buena y plena y que murieron en paz junto a sus seres queridos. Eso parece sencillamente justo después de todo lo que el padre/madre le dio a su hijo y a otras personas en vida.

A pesar de que casi nunca hay un "momento" apropiado para la muerte de alguien, es incluso más difícil si su padre murió como víctima de la violencia o negligencia innecesaria de otra persona. Aunque su padre/madre fue, en algún punto, negligente o responsable por lo que pasó, no parece correcto que una larga vida se destruya de repente en un instante. Morir asesinado no es una forma digna de morir.

Un tercer componente difícil del duelo después del homicidio o suicidio de uno de los padres es el repentino cambio de roles. Antes de que muera su padre/madre, usted era la "generación intermedia". Tenía a sus padres o a uno de ellos. Tal vez haya tenido un hijo o, al menos, haya previsto tener hijos algún día. Inesperadamente, en un instante, usted es la generación "más antigua". Por primera vez, puede que vea a sus hijos como sus herederos, así como usted es ahora un heredero. Resulta inquietante verse a sí mismo como la generación "más antigua". No se siente lo suficientemente experimentado o sabio para desempeñar dicho rol. Así, aunque sea adulto, usted vive el duelo por la pérdida de su propia inocencia y dependencia. El hecho de no tener ya un padre/madre en quien apoyarse puede ser un trampolín a la madurez antes de que esté preparado.

Cómo responde usted a la muerte depende de varias cosas, por ejemplo cómo ha aprendido a sobrellevar otras pérdidas previas, cuánto apoyo emocional tiene cuando vive el duelo y cuáles son sus habilidades para manejar los asuntos legales tales como seguros, testamentos o procedimientos civiles o penales. Si su padre/madre no tenía ningún cónyuge y no dejó ningún testamento, puede que usted se encuentre en una situación estresante con sus hermanos acerca de qué hacer con las propiedades y los recursos de sus padres.

Lo más importante es en qué medida su duelo depende de la relación que tuvo con sus padres. Cuanto mejor era la relación, los remordimientos y la culpa resultan menores. Sin embargo, si usted fuera muy dependiente de sus padres, puede que se sienta más perdido que otras personas. Puede experimentar una profunda añoranza por su padre/madre que parece imposible de resolver. En cierto sentido, podría sentirse demasiado débil para seguir sin su padre/madre.

Puede sentir que su experiencia de duelo es más difícil si tuvo una relación problemática con su padre/madre. Muchos hijos, ya sean pequeños o adultos, creen que son cupables de las dificultades que tienen con su padre/madre. Incluso los hijos abusados dedican, en algunas ocasiones, toda una vida tratando de estar a la altura de las expectativas de sus padres. Creen que algún día averiguarán qué es lo que tienen que hacer o decir para satisfacer a sus padres y que éstos se sientan orgullosos de ellos.

Si usted y su padre/madre no se llevaban bien, puede que usted se sienta culpable por no esforzarse lo suficiente para arreglar las cosas. Podría sentirse lleno de ira hacia el responsable de la muerte de su padre/madre, porque su deseo de mejorar las cosas se volvió vano tan abruptamente.

Si analiza su pasado y se da cuenta de que dedicó mucho tiempo a sentirse mal consigo mismo, esas dolorosas imágenes de sí mismo pueden resurgir después de la muerte de su padre/madre. Si se siente culpable o vacío porque, de alguna manera, vincula la muerte de su padre/madre con sus malos sentimientos, tal vez deba consultar a un asesor psicológico profesional. El asesoramiento puede ayudarlo a determinar la racionalidad de sus pensamientos.

La mayoría de los adultos cuyos padres mueren asesinados sienten algunas o todas las reacciones indicadas anteriormente. Es importante hacer frente a todos sus sentimientos y tomarse el tiempo en soledad tanto para vivir la pérdida como para recordar los buenos momentos que disfrutó con su padre/madre. Hacer sólo una de esas dos partes equivale a anular una parte del duelo.

Nuestra ajetreada sociedad que todo "lo quiere resolver" puede hacer que el duelo por la pérdida de su padre/madre sea difícil. Más que en cualquier otra franja de edad, a usted se le exigirá que "siga con su vida" muy pronto, ya que se considera "natural" que los adultos pierdan a sus padres.

Puede que lo sorprenda ver que hasta sus mejores amigos no le pregunten cómo está ni reconozcan su duelo. Cuando alguien asesina al padre/madre de un niño, al menor se le llama huérfano(a) y muchas personas están preocupadas por él o ella. Cuando alguien asesina al cónyuge de otra persona, al sobreviviente se le llama viudo(a), y los amigos y vecinos ofrecen ayuda, al menos durante un tiempo. Sin embargo, no hay ninguna denominación para un hijo adulto cuyos padres mueren asesinados. Parece que las personas minimizan su duelo, inclusive cuando su padre/madre ha muerto en forma repentina, indigna o innecesaria.

La muerte de uno de los padres durante la infancia

En el Capítulo IV se ha analizado profundamente el duelo traumático que viven los niños. Las reacciones de los niños a la muerte de uno de sus padres y la muerte de un hermano son similares, pero también tienen sus diferencias.

Al igual que con los hermanos, el impacto que tiene la muerte de uno de los padres en un hijo depende en gran medida de la etapa de desarrollo del niño. Nadie sabe a ciencia cierta por qué algunos niños lo sobrellevan mejor que otros. Las experiencias de vida tienden a hacer que algunos niños sean más resistentes al cambio que otros. Sin embargo, la calidad de los cuidados asumidos por el padre/madre sobreviviente u otro tutor que venga después puede ser el aspecto que más influya en cómo un niño soporta la pérdida de alguno de sus padres.

La respuesta inicial de la mayoría de los niños que entienden que la muerte es permanente es el miedo a su propia supervivencia. No pueden imaginarse a ninguna otra persona -a diferencia de su padre/madre- que los lleve a la cama, que los despierte, que les dé de comer y que los vista. Ya hemos analizado la inseguridad de un hijo adulto cuyo padre fue asesinado. Para un hijo joven, la sensación de vulnerabilidad es aún mayor.

Además, los hijos sobrevivientes pueden tenerle miedo a su propia muerte. Si el padre/madre de un niño puede desaparecer repentinamente y sin causa alguna, el niño piensa que él también podría.

Los niños tienden a ver a sus padres como sabios y omnisapientes, en especial antes de la adolescencia. Un hijo cuyos padres fueron asesinados debe enfrentarse abruptamente con la realidad de que el padre/madre no fue lo suficientemente sabio(a) o fuerte para evitar ser asesinado(a). Si uno de sus padres es asesinado, lo mismo podría pasarle al niño.

La culpa es el tercer componente que se presenta con frecuencia en el duelo de los niños. Los niños saben que han molestado a sus padres ocasionalmente. Recuerdan los momentos en que sintieron rencor porque sus padres les aplicaban alguna medida disciplinaria. Puede que se pregunten si sus pensamientos negativos hacia su padre fueron responsables, en alguna medida, por la muerte. Si el niño cree esto, puede sentirse terriblemente culpable y preguntarse si él también podría morir.

Se cree que la confianza es el pilar del desarrollo emocional de un niño. Si un niño puede confiar en base a su experiencia que recibirá alimentos cuando tenga hambre, que le cambiarán los pañales cuando estén mojados y que recibirá protección cuando se sienta solo, llega a la conclusión, mucho antes de que pueda verbalizarla, de que la vida es buena, el mundo es seguro y que satisfacer las necesidades es algo previsible. El resto de su desarrollo emocional se basa en este pilar.

La muerte repentina de uno de los padres puede debilitar dicha confianza, aunque no necesariamente. Uno de los componentes más complejos de adaptarse a la muerte repentina o violenta de uno de los padres es que la mayoría o todos los adultos sobrevivientes de la familia están devastados. Es probable que el cónyuge, abuelos, tíos y tías y otros amigos de la familia puedan sentirse tan ensimismados en sus propias reacciones que se olvidan de los hijos o no pueden acercarse a ellos.

Si el niño pasa de un cuidador temporal a otro, puede que se sienta emocionalmente solo para afrontar toda la situación. Puede experimentar algún descuido físico y abandono emocional. Puede que ya no crea que se vayan a satisfacer sus necesidades. Pese a que no comprenda totalmente la muerte, resulta claro que los que lo rodean se muestran débiles e inseguros acerca de qué deben hacer.

Por lo tanto, es importante que se establezca rápidamente un sistema previsible y uniforme para cuidar al niño. No es una tarea sencilla. No hay dos personas que puedan criar a un niño de manera exactamente igual. Sin embargo, si el niño sabe que puede confiar en alguien para recibir alimentación, vestimenta, un baño y amor, entonces el niño puede participar del duelo junto con la familia. En caso contrario, aparecerán en primer lugar miedos por su supervivencia física, distanciamiento y enojo.

Es igual de importante para un adulto de confianza el explicar al niño, que tenga la edad suficiente para comunicarse, por qué murió su padre/madre. Si la causa de la muerte es conocida, se debe hablar con el niño honesta y sencillamente según su nivel de comprensión. El cuidador debe decirle la verdad y responder a las preguntas del niño. Si parece que el niño se siente culpable o está particularmente temeroso o ansioso, se debe convencer al niño de que la muerte de su padre/madre no fue su culpa.

Los malos entendidos acerca de estos temas pueden hacer que el niño sienta miedo y enojo porque su vida está fuera de control. Sin embargo, si cree que alguien lo cuidará, que la muerte no fue su culpa y que no es probable que se vaya a morir pronto, probablemente soporte la situación de manera más saludable.

No obstante, se debe recordar que a medida que el niño madura, puede que necesite vivir el duelo por la muerte del padre/madre una y otra vez, en base a nuevas formas de entendimiento de cada etapa de desarrollo. Los cambios de la vida que son normalmente estresantes para los niños pueden serlo aún más para el niño cuyo padre/madre fuera asesinado(a). La adolescencia, un nuevo matrimonio del padre sobreviviente, irse de la casa y enfrentar la muerte de otros seres queridos pueden ser cosas tumultuosas.

Sugerencias para hijos adultos cuyo padre/madre fue asesinado(a)

- Prepárese para el hecho de que pocas personas, si hubiera alguna, comprenderán el trauma que experimenta usted cuando asesinan a su padre/madre.

- Busque maneras de honrar a su padre/madre con la dignidad que faltó en su muerte. Establezca un fondo o fideicomiso conmemorativo para honrar a su padre/madre. Escriba un documento conmemorativo o un poema sobre la vida de su padre/madre y compártalo con otras personas.

- Si tuvo una relación conflictiva con su padre/madre, escríbale cartas donde exprese sus sentimientos. Escríbase una carta a sí mismo de parte de su padre/madre, donde explique cómo cree que su padre/madre vio el problema. Estas cartas constituyen un "diario íntimo sobre el duelo" que pueden ayudarlo a adaptarse y curarse. Escribir también puede ayudarlo a decidir qué parte de la culpa es apropiada. Si le sigue resultando imposible ser racional acerca de la relación que tuvo con su padre/madre, evalúe hacer una consulta con un asesor profesional.

Sugerencias para cónyuges sobrevivientes u otros cuidadores de niños cuyo padre/madre fue asesinado(a)

- Lleve una rutina para el niño que sea lo más estable y uniforme posible.

- Trate de garantizar que el modo de disciplina a la cual está acostumbrado el niño siga siendo el mismo.

- Si el padre/madre sobreviviente está tan preocupado por su propio duelo que el niño y sus necesidades se vuelven irritantes, pídale a alguien que vaya a su hogar durante varias semanas o meses para compartir la carga de la crianza. Esto es preferible a enviar al niño a algún lugar alejado, donde tal vez se sienta más abandonado y temeroso.

- Evite volverse dependiente del niño en pos de su propia protección. Si bien el duelo se puede compartir y puede hacer que ustedes se acerquen más, el niño sentirá su necesidad si usted se vuelve demasiado dependiente. Es una carga demasiado pesada de sobrellevar para un niño.

- Esté atento a miedos persistentes, ansiedades, culpa o enojo. Tener comportamientos tales como berrinches, aferrarse negativamente a una relación o ensoñaciones en la escuela o el hogar puede significar pedidos de ayuda. Busque asesoramiento para su hijo(a) si siente que sus problemas están fuera del alcance de sus conocimientos como padre.

Lo que deseo recordar de este capítulo

Capítulo siete

LA MUERTE DE UN AMIGO, COLEGA O COMPAÑERO

En esta sociedad móvil y desconectada, a veces hay una relación más estrecha con los amigos y colegas que con los miembros de la familia. Usted puede ser transparente con un buen amigo, puede quitarse las máscaras y compartir sus secretos. Puede que usted le haya dicho a su amigo cosas que no lo podría haber dicho a sus padres o cónyuge.

A veces, un buen amigo se convierte en un amante y la naturaleza de una relación sentimental indica que no puede ser abiertamente reconocida. Cuando un compañero en una aventura muere de pronto, la otra parte se queda sola y se aísla, quizás no es capaz de asistir al funeral. En el mejor de los casos, los demás conocen esta relación solo como una amistad.

Por ley, en muchos estados, las parejas de gays y lesbianas no son consideradas más que amigos. La confusión emocional que se siente cuando una pareja en una relación no reconocida muere súbitamente puede ser devastadora.

Los ex cónyuges mayormente se mantienen como buenos amigos, particularmente si ellos comparten la crianza de sus hijos. Aún así, debido a que otros perciben que la muerte de un ex-cónyuge hace la vida más simple y feliz para el sobreviviente, algunos, de haberlos, admiten el dolor. Al ex-cónyuge rara vez se le ofrece la oportunidad de compartir la planeación del funeral debido a que el nuevo cónyuge es el doliente "legítimo". La muerte de un ex-cónyuge no debe ser pasada por alto simplemente. El ex-cónyuge invirtió considerablemente en el matrimonio, inclusive si años después se disolvió. A pesar de todo lo que ha ocurrido, es doloroso aprender los detalles de la muerte y, si hubieran hijos en el matrimonio, permanecer al lado de ellos presenciando impotentemente su sufrimiento por la muerte de su padre.

Los colegas de trabajo frecuentemente están entre las relaciones sociales más cercanas. Dependemos de ellos, les revelamos nuestras ideas, compartimos almuerzos y descansos con ellos y buscamos su consejo. A veces es solo después de la muerte de un compañero de trabajo que nos damos cuenta de que alguien considerado formalmente como un colega se había convertido en un amigo.

Entre los dolientes más ignorados están aquellos cuyo entorno de trabajo se presta a la exposición frecuente de la muerte. Las personas involucradas en el trabajo policial, cuidado de hospicio, hospitales de trauma o en otros lugares donde la muerte es común, a menudo se dan cuenta de que sus propios colegas, amigos y familiares asumen que se han acostumbrado o inclusive se han vuelto insensibles a muerte. Aún cuando la muerte es repentina, estos dolientes silenciosos esperan animarse y manejarlo en la manera habitual para lo que fueron capacitados.

Independientemente de la única descripción de la relación, una filiación estrecha, significativa y fuerte de pronto ha sucedido. Esta relación puede haber tenido el poder de cambiar su vida o ayudar a dirigir sus objetivos. La persona que falleció pudo haberlo cuidado incondicionalmente, mientras que objetivamente se enfrentaba con las cosas que usted no podía ver. Esas relaciones son recibidas en un amigo o colega, a pesar de que podrían ser más difíciles de aceptar en un miembro de la familia.

El punto es que la familia, la industria funeraria, su empleador o la ley no puede considerarlo como un doliente legítimo. Incluso si eran más cercanos al fallecido que a sus hermanos, es posible que se siente solo en el funeral. Ninguna tienda de flores tocará su puerta. No fue elegible para la licencia por duelo en el trabajo, solo le dieron unas pocas horas para asistir al funeral.

Hasta cierto punto, puede que se encuentre aceptando la etiqueta de la sociedad como un doliente sin derecho a representación. De hecho, usted puede haber asumido el papel de apoyar a la familia "real". Es posible que usted prepare la comida y ayude a cuidar de las necesidades materiales de ellos, si en su caso el grado de relación ha sido reconocido.

A medida que lucha por dominar su luto en el trabajo, usted puede notar que su supervisor no tolera su disminución en la producción de trabajo. Debido a que puede estar experimentando muchos o todos los síntomas de dolor y las reacciones de duelo señaladas anteriormente en este libro, usted es una persona traumatizada, aunque nadie parece darse cuenta o prestarle atención. De hecho, si lo notan, puede ser criticado por su reacción. Las reacciones traumáticas de dolor pueden afectar su trabajo incluyendo el cansancio, aislamiento, dificultad para concentrarse, e irritabilidad. El dolor traumático puede transformarse en depresión. El miedo puede convertirse en ataques de ansiedad o ataques de pánico. Si ha experimentado o aprendido de la muerte en el trabajo, solo tiene que caminar más allá de la zona de donde se produjo el fallecimiento o donde recibió el mensaje de la muerte ya que puede provocarle espasmos de dolor.

Si su amigo fallecido era un compañero de trabajo, otros pueden compartir su dolor, incluso si es solo en la sala de descanso. Busque a aquellos que parecen estar de luto con usted y reúnanse fuera del entorno laboral. Comparta sus recuerdos de la persona que falleció y hable abiertamente acerca de su apreciación y lamentos. Con esto se reconoce la realidad de lo sucedido y proporciona el apoyo social que necesita. Incluso puede ser posible organizar un grupo de apoyo a corto plazo en el trabajo. Reúnanse durante el almuerzo o una hora antes o después del trabajo. Conversar sobre su dolor hace que éste sea más manejable El darse cuenta de que no está solo en su dolor, puede aliviar parte de la carga.

Es su decisión pedir a su supervisor si el escritorio de su colega puede permanecer vacante durante un tiempo, como un tributo a su vida. Inclusive puede colocar flores u otros recuerdos en el escritorio de su colega Algunas personas pueden haber llenado el escritorio con fotos instantáneas y otras fotos de la persona fallecida.

Si su amigo fallecido no trabajó con usted, puede sentirse un poco solitario en el trabajo. Es probable que sus colegas no respeten su luto y falta de productividad. Debe ser honesto con ellos. Explique la naturaleza de la relación fuerte a su supervisor. Si es cierto, utilice las palabras "como un hermano o hermana". Mientras que a usted no se le brinde una licencia por duelo, es posible que desee tomarse unos días de licencia personal para ir al cementerio, escribir en un diario o buscar asesoramiento profesional. Un consejero que se especializa en el dolor traumático puede ser de gran ayuda si usted no puede encontrar a alguien para reconocer la profundidad de su pérdida.

Independientemente de a donde usted asista para buscar apoyo, su tarea es hacer que algunas personas reconozcan y validen su experiencia. Dígales lo que necesita. Pídales que les permitan conversar con ellos sobre su amigo. Pídales que miren sus fotos y escuchen sus poemas. Tal vez alguien esté dispuesto a visitar el cementerio con usted.

Además, usted puede legitimar su luto, haciendo una donación conmemorativa en el nombre de su amigo. La organización o caridad que brinde será reconocida como regalo para la familia, lo cual les recordará de su relación especial.

Si usted tiene la energía física y emocional, considere un acto público de algún tipo. Luego de que su buen amigo fue asesinado a balazos en su trabajo en San Francisco, Kimberly Rowland organizó una marcha en contra del uso de armas de fuego.

"El proyecto, el cual recibió mucha atención por parte de los medios, me permitió hacer una declaración importante sobre el valor de nuestra amistad y de hacer todo lo posible para detener la violencia armada. Luego trabajé con The Bell Campaign (La Campaña Bell), una organización base que se opone a las armas. Mientras creo que podemos hacer la diferencia, sé que este trabajo me ayudó a hacer algo bueno de una terrible tragedia".

– *Kimberly Rowland*

Sugerencias

- Identifique una frase corta que describa su relación con su amigo o colega tales como "como un hermano o como una hermana para mí" o "más cercano que cualquier familiar" para ayudarlos a entender la importancia de su relación. Úsela con frecuencia.

- Deje que los miembros de la familia de la persona que murió sepan qué tan especial era esa relación con usted. Esto puede lograrse a través de visitas personales o una carta que incluya historias y fotos sobre su relación. Mayormente estos ofrecimientos son muy bien recibidos, a excepción de las aventuras clandestinas.

- Visite el cementerio o realice otro tipo de rituales, que le permitan conocer la legitimidad de su relación.

- Si bien no puede esperar que su ambiente de trabajo le brinde todo el respaldo que necesita, dígale a su supervisor sobre la naturaleza de su relación y que conozca sus déficits. Si usted no puede trabajar de forma productiva, pida unos días de licencia personal.

- Si usted es incapaz de encontrar personas con las que puede ser honesto y compartir su duelo abiertamente, busque a un consejero que se especialice en el dolor traumático.

- Encuentre una forma de crear algo positivo de su pérdida. Puede ser una donación, publicación, monumento o una actividad. Use su propia creatividad para decidir qué puede ser más conmemorativo en su relación.

Lo que deseo recordar de este capítulo

Capítulo ocho

SUICIDIO

Luego del suicidio de un ser querido, usted puede sentirse aturdido, yendo y viniendo entre un sentido de desapego y la terrible tristeza, culpa, ira y confusión. Sus reacciones emocionales pueden ser más intensas de lo que usted hubiera creído posible. Casi todo el mundo está perplejo, desconcertado y abrumado al enfrentarse al suicidio. Si bien su respuesta al suicidio puede ser similar a aquellas del por qué su ser querido fue asesinado por otra persona, es probable que difiera en varios aspectos.

Al igual que el homicidio, el suicido ocurre en la muerte súbita e irrevocable del ser querido. Usted puede decir a lo mucho "Te quiero" "Lo siento" o "Adiós". Si su ser querido escribe una nota de suicidio, se puede angustiar por el hecho de no haberle respondido.

La mayoría de personas no se dan cuenta que el suicido es común tal como es. De acuerdo a los Centros de control de enfermedades (CDC, por sus siglas en inglés), una persona en los Estados Unidos se suicida cada 16 minutos. El suicidio es la tercera causa líder de la muerte entre los 15 y 25 años de edad (seguido de accidentes y homicidios). Un estimado de 5 millones de ciudadanos de los Estados Unidos intentan suicidarse. Sin embargo, si bien estos hechos poco pueden normalizar lo que ha sucedido, probablemente esté más centrado en sus propias reacciones fuertes y complicadas.

Algunas personas se suicidan violentamente. Otros eligen las sobredosis, inhalaciones u otras formas menos violentas. Cómo sucedió y por qué sucedió podría ser de gran interés para aquellos que intentan consolarlo, pero lo que probablemente importe más para usted es que una persona que quería ya no está viva. Con el tiempo, usted también, puede enfocarse más en los hechos, pero es probable que no sea su preocupación primordial ahora.

El Dr. Ted Rynearson estaba totalmente consumido con la reconstrucción del suicido de su esposa Julie después de semanas que murió. No podía seguir adelante.

"Una vez que las escenas del cortejo fúnebre empezaron a desplegarse, no podía hacer nada para interrumpirlas. Era como una serie de escenas resaltadas dibujadas que iban de un lado a otro en mi mente. Ella caminaba en la rampa de la barca y se sentaba sola. Ahora ella ha escrito una nota, no quiere que nadie la interrumpa. Cuando se ve un margen distante de la isla, ella está lista para irse. Ella camina por la cubierta inferior y pasa por los autos estacionados hacia la popa. Toma su abrigo de lana marrón y salta hacia la estela. Hundido en este drama, puedo imaginarme lo que ella pensó y sintió. Este pensamiento tenía varias interrogantes que no se detenían. No había interrogantes de lo que hizo, pero me parecía no tener límites al imaginar sus últimos pensamientos y sentimientos.

¿Qué pasó por su mente mientras estaba en la popa de la barca?

¿Se despidió de los niños y de mí antes de saltar?

¿Ella estaba acogiendo la idea de liberarse su ahogamiento y del agua?

¿Qué pasó por su mente antes de saltar?

¿Estaba asustada por el frío y la asfixia?

¿Ella gritó pidiendo ayuda por que se dio cuenta que esto era un error?

¿Qué pasó por su mente mientras moría?

¿Sintió calma y trascendencia cuando perdió la conciencia?

¿Ella estaba esperando y buscando tomar conciencia más allá de la muerte?

Mantengo esta experiencia en secreto, aún cuando

evita que me concentre durante el día y me mantiene despierto durante la noche. Me puedo levantar, llorar y estar aterrorizado mientras veo a Julie desaparecer en el vacío de la barca. Me tomaría horas calmarme así que vuelvo a dormir. Parece como si no hubiera tiempo ni espacio en mi mente para descansar".

– Ted Rynearson, citado con permiso de su libro, Retelling Violent Death (Volviendo a contar la muerte violenta)

Bajo la extraordinaria condición de revivir el suicidio de Julie, Ted no puede diferenciarse a sí mismo de su historia imaginaria. Él vio y escuchó la reconstrucción de la muerte de Julie como si no fuera imaginario. En aquellas primeras semanas después de su muerte, las imágenes que desarrolló eran tan autónomas y poderosas que se sintió poseído. Sólo después, a medida que fue capaz de separarse de eso y encontrar su propia voz nuevamente, se dio cuenta que este proceso había sido un componente importante de cómo comprendió el suicidio de Julie. Esa era su historia. Su tarea era hacer la construcción de su propia historia sin ella y decidir cómo continuar.

Puede que no tenga una relación cercana con el evento de la muerte, pero si usted está más asociado con los sobrevivientes de un suicidio, puede tener una necesidad desesperada de comprender por qué su ser querido eligió suicidarse. Quizás usted piense que la comprensión de la razón puede ayudarlo a sentirse menos vulnerable y tener más control. Si usted puede concluir que es la culpa de alguien, que alguien "perdiera las señales" o que su ser querido tiene una razón legítima para suicidarse, entonces tiene algo de sentido. Sin embargo, rara vez, de haberla, por una sola razón las personas deciden suicidarse. Usualmente, hay varias razones complejas.

Debido a que usted estuvo tan cercano a una víctima de suicidio, es probable que se sienta inundado con preguntas de todos los tipos provenientes de personas que quieren que la respuesta sea simple y razonable. Trate de ser paciente con ellos. Si usted no tiene ganas de responder sus preguntas, simplemente diga: "Aprecio tu interés. Quizás un día pueda hablar de 'cómo' y 'por qué', pero ahora solo estoy triste y solo y eso es todo lo que puedo enfrentar ahora".

Negación y confusión

"Debe haber un error. No pudo haberse suicidado. No pudo haberme hecho eso".
— *Anne Seymour, cuyo amigo se suicidó*

El componente más devastador de un suicidio para la mayoría de personas y el componente que hace muy difícil que lo aceptemos es que el ser querido eligió morir. Puede parecer imposible para usted que la persona que se suicidó era tan miserable o que no se sentía amado y que el suicidio le pareció la única forma para poder escapar del dolor. La confusión y desconcierto puede envolverlo a medida que lucha con esta realidad. Solo recuerde que usted nunca será capaz de conocer todos los factores que contribuyeron a la decisión de su ser querido y por esa razón, no trate de culparse.

Incluso puede ser algo reconfortante el darse cuenta de que el suicidio era una opción. Puede encontrar consuelo en el hecho de que la víctima se mantuvo "responsable" y eligió terminar con su vida. Si su ser querido se encontraba en un tormento físico o mental, la opción de suicidarse pudo haber sido un gran alivio. Como no hay dos suicidios iguales y no hay dos respuestas para esto, solo usted puede decidir si cualquier elemento de alivio existe para usted. Si los demás creen que debe estar aliviado y usted no lo está, solo dígales que usted es el único que puede decidir cómo va a reaccionar ante esto.

Enojo

"¡Estoy tan enojada que podría matarlo! Estoy más furiosa de lo que estaba con el conductor ebrio que mató a mi ahijado, por que ese sujeto era un extraño".

— *Anne Seymour*

No es probable que su ser querido se haya suicidado para dañarlo o para incluso tratar de hacerlo, a pesar de que a veces ése es el caso. Él o ella probablemente se suicidó para escapar de tormento tan grande que es imposible para la mayoría de nosotros imaginamos. La persona puede haber sido consumida por su propio sentido abrumador de dolor físico, emocional y espiritual que sentía que no podía haber otro remedio más que acabar con su vida. O quizás la persona estaba retraída y deprimida y desarrolló una visión de túnel. Los problemas de la vida pueden parecer mucho más grandes de lo que realmente son y la víctima se enfocó tanto en ellos que no podía ver cómo iban a reaccionar las personas que lo amaban ante su muerte.

A veces, el suicido es manipulado. Si usted siente que fue cometido en un intento de demostrar algo, puede haber sido manipulado y por lo tanto, su ira al respecto puede ser feroz. ¿Creyó erróneamente que ella no era amada? ¿Lo hizo para decepcionarlo? ¿Ella creyó que era muy débil para aguantar una decepción? ¿No podía ver cuán injusto y doloroso sería esto para usted? ¿No pensó sobre el dolor y confusión que puede sufrir al tratar de reunir las piezas? Las preguntas van y vienen en su cabeza.

Usted también puede estar enojado consigo mismo. Puede torturarse al cavilar en las señales perdidas o en la percepción de que no tomó las señales con la suficiente seriedad. Usted puede haberse imaginado como una persona consciente, cuidadosa, pero ahora se siente avergonzado y degradado tanto que permitió que esto suceda. Usted concluye con que no conocía a su ser querido como creía. Cómo se siente sobre esta persona y de qué forma él o ella pensó que usted ahora podría hacerse esta pregunta. Su autoestima puede tener una decaída.

Usted también puede enojarse con los demás que parecen culparlo. Recuerde que las personas menos cercanas a la víctima están buscando respuestas. A menudo, aparece una hipótesis inicial de que usted no es un buen padre, cónyuge, amante, hijo o amigo. ¡Qué injusto! Debe recordar que ellos están tratando de buscarle sentido a un acto sin sentido. Sin duda, inclusive la víctima no hubiera podido explicar exactamente por que acabó con su vida. Ni habría la explicación que usted esperaba, sin importar qué tan bien lo conocía y lo quería

Se complicará enormemente su duelo si se intenta reprimir su enojo. Es una respuesta razonable y adecuada para lo que ha sucedido. Mientras usted pueda elegir no hacer a otra persona miserable con su enojo, usted puede necesitar mantenerse en contacto con eso y expresarlo con alguien seguro que acepte sus sentimientos. Como se dijo en capítulos anteriores, aprenda sobre sus reacciones emocionales, acéptelas y explórelas, así darán un mayor alivio rápidamente en lugar de reprimirlas.

Mientras pasa el tiempo y usted expresa su enojo, también podrá evaluar la situación de una forma más realista. Con la ayuda de la aceptación de un amigo o de un consejero profesional, usted puede hacer un balance en los atributos positivos y negativos de su ser amado y puede evaluar mejor su relación. Evalúe racionalmente sus pensamientos y trabaje en descartar las creencias irracionales sobre su papel en el suicidio. Esto toma tiempo y es un arduo trabajo. Sea paciente con usted mismo.

Culpa

Si su ser querido quiso verlo antes del suicidio y usted no pudo, puede sentirse sobrecargado de culpa. Ahora puede estar convencido de que si solo usted hubiera estado ahí, pudo haber prevenido el suicidio.

Usted puede sentirse culpable por no haber tomado el instrumento de suicidio de su ser querido, ya sea que fuera un arma, cuerda, píldoras o un automóvil. Si el instrumento del suicidio fue algo que usted le dio o le compró a la víctima, puede que concluya irracionalmente de que el suicidio fue su culpa.

Aquellos que experimentan algo de alivio debido al suicidio pueden sentir culpa por estas reacciones. Sus capacitaciones religiosas o creencias éticas sobre el suicidio pueden hacer que sea más difícil de reconciliar su sentido de alivio.

Experiencia de un sobreviviente

"Salí del hospital como un zombie, no recuerdo muy bien cómo manejé las treinta millas a casa. El auto pronto se volvió mi 'lugar de ira'. Me di cuenta de que podía llorar y gritar sin molestar a nadie más. Así que grité. Los sonidos vocales sonaban espeluznantes, como un animal salvaje herido. No sé de donde salieron o de quién provenían, solo sabía que necesitaba sacarlos.

Semanalmente, manejaba donde mi terapeuta. Me pasaba sonriéndoles a las personas y me preguntaba cuál era el motivo de mi sonrisa. Los 'si tan solo' me angustiaron. Me sentía como una rata en el laboratorio Kubler-Ross. Atrapado en una masa de dolor sin ninguna salida, me vinculé de una 'etapa' a otra y viceversa. Mensualmente hacía peregrinaciones con ofrendas de flores a la colina remota donde sus cenizas fueron dispersadas. Me paré en la colina y grité: '¿POR QUÉ?'

Mientras me sentaba en la sala de espera de Salud Mental, podía observar a otros pacientes e identificar su dolor individual. Aunque anteriormente he hecho trabajos sociales, este era un nuevo capítulo de empatía. 'Ellos' no estaban separados de 'mí.' Era 'nosotros' – la condición humana de crear un común denominador.

Fueron cuatro meses antes de que empezara a dejarlo ir. De pronto, me di cuenta de cómo era realmente el interior del consultorio de mi terapeuta. Nunca me había dado cuenta que habían plantas o muebles y creí que eran nuevos.

Llegué a casa y reuní un camino de rocas/ladrillos y me sentí bien por primera vez en meses. Recordé de algún lado de que la depresión bloquea la creatividad. Para mí, mi pavimento estaba hermoso.

Las visitas semanales al terapeuta duraron nueve meses. Eventualmente me di cuenta que el gritar '¿Por qué?' en la cima de una colina no tenía más sentido que un niño de tres años haciendo un berrinche. Luego, una noche estaba bañándome en la bañera, miré la pared del baño y admiré el gran dechado que mi hija había bordado. Lo tengo enmarcado hace años y pensé que era todo un logro para una niña de catorce años de edad. Lo he leído varias veces. Era una oración para alcanzar la serenidad: 'Dios, dame la serenidad para aceptar las cosas que no puedo cambiar, el coraje para cambiar las cosas que puedo y la sabiduría para saber la diferencia'.

Medité un momento 'Me pregunto qué significa realmente la sabiduría para saber la diferencia'. De pronto me di cuenta. Significa la habilidad para conocer y aceptar mis propias limitaciones.

Por más que lo desee, no podía hacer una elección de vida para él. Con respecto a esta dignidad, finalmente decidí que él solo tomó esa elección. La elección era una humana. Si los humanos no son perfectos, tampoco sus elecciones.

¿Quién soy para juzgarlo?
Descansa en paz.
Finalmente—todo ha sido perdonado".
 – B.H.B

Los seres humanos tienen una convicción casi innata de que deben ser capaces de proteger a sus seres queridos. Si esto es imposible e irracional, es difícil de superar. No puede asumir la responsabilidad de un acto que fue la elección de alguien más.

Es probable que poco podría haber hecho para disuadir a su ser querido de suicidarse. Si no estuvo presente cuando su ser querido trató de localizarlo en busca de ayuda, él pudo haber buscado a alguien si realmente no quería suicidarse. Si las señales de advertencia fueron dadas, probablemente se ocultaron en la ambivalencia. Si una pistola no hubiera estado disponible, una cuerda u otros medios hubieran sido usados.

Para llegar a enfrentarse con su culpa, su tarea consiste en transferir su enfoque al pensamiento racional. Entienda que el suicidio es extremadamente complejo, y el acto suicida final era solo el componente final de un contexto mucho más grande de la confusión emocional y mental. Muchas fuerzas internas y externas se unen para permitir que una persona decida suicidarse.

Trate de determinar cuál es la proporción de la responsabilidad que en realidad podría haber sido suya. La medida tiende a ser pequeña, si es que existe. Al igual que todos los seres humanos, usted no es perfecto. Usted tendrá que encontrar una manera de perdonarse a sí mismo por cualquier contribución que racionalmente pueda reclamar. A medida que vuelve a pensar en todo lo que pasó, probablemente descubrirá que usted realizó las mejores elecciones que pudo haber hecho en ese momento sobre la base de la información disponible. La mayor proporción de la responsabilidad recae en la persona que eligió suicidarse.

Estigma

El suicidio no es muy comprendido por el público. Algunas personas piensan que solo las personas con enfermedades mentales graves o emocionalmente enfermos se suicidan y creen que esta capacidad es hereditaria. Se puede concluir, por lo tanto, que como pariente de la víctima, también puede ser desequilibrado y tiene el riesgo de tener malas amistades.

Otras personas creen que el suicidio es puramente ambiental y que usted o alguien más "lleva" a su ser querido a la muerte. Cualquiera de estas conclusiones erróneas u otras, pueden hacer que las personas lo rechacen debido al incidente en sí, su historia familiar o sus elecciones de estilo de vida.

El suicidio no es una enfermedad. No es un acto inmoral. No es anormalmente biológico, aunque ahora están siendo reveladas las conexiones fisiológicas interesantes entre la depresión y el suicidio. En la mayoría de los casos no representa ninguna disfunción neurológica. Casi siempre, es una elección hecha por una persona que ha perdido la esperanza.

En la búsqueda de evitar el estigma, algunos miembros de familia sobrevivientes eligen vivir una mentira sobre el suicidio. Le dicen a los demás que fue un accidente o fue debido a causas naturales. Aunque esto puede ser reconfortante al principio, puede ser dolorosamente complicado. Como se dijo anteriormente, mucha confusión acarrea la experiencia del suicidio. Elegir mentir sobre eso solo aumenta la confusión. El estrés adicional de saber la verdad por dentro y decir una historia distinta a los demás es un estrés que no necesita.

Aunque es desafortunado y triste que usted enfrente el ostracismo, normalmente es preferible para distinguir la verdad. Expresado de manera simple, las personas que viven en la mentira a menudo se enferman. Ellos empiezan a sufrir síntomas físicos e incluso se deprimen más. Algo dentro de ellos evita que repitan la mentira y aun así ellos no pueden decir la verdad.

Es mucho más saludable hablar la verdad sobre lo que pasó y compartir sus reacciones personales de forma honesta con sus amigos de confianza o sus familiares. Esta forma de expresarse puede ser su mejor receta para comenzar a sentirse mejor. Su líder religioso o un consejero profesional puede ayudarle a enfrentarlo con honestidad y puede ser prudente buscar este tipo de ayuda.

Trato injusto posterior

A medida que periodistas, examinadores médicos y forenses, representantes de seguros, investigadores policiales y abogados se involucran en el suicidio, usted puede sentir que sus características de integridad y moral están siendo cuestionadas. Si era cercano a la víctima o si le debían dinero de la herencia o seguro, usted puede ser sospechoso de asesinato o un presunto cómplice del suicidio. En el momento en el que desea ser tratado con dignidad y respeto, usted puede tener que enfrentar las acusaciones que pueden aumentar sus sentimientos de culpa y obtener incluso más estragos en su autoestima.

Independientemente de su tratamiento, lo mejor para usted es cooperar plenamente con las autoridades de investigación. Recuerde que su papel consiste en determinar los hechos que rodean esta muerte súbita. La mayoría de ellos no han tenido la educación en la dinámica del duelo relacionado con el trauma y muchos se sienten incómodos frente a las emociones.

Con el fin de superar la impotencia que puede sentir en el trabajo con estas personas, pida la documentación de sus resultados. Si hay una investigación penal, obtenga el nombre y número de teléfono del oficial de investigación y llámelo de vez en cuando hasta que la investigación esté completa. Pida una copia por escrito del reporte completado. Si está disponible en su jurisdicción, obtenga una copia y si ve errores, llame de inmediato para conversar con el investigador.

Si se realizó una autopsia, pida una copia del reporte. A menudo las autopsias se muestran previamente sin consideración racional por el suicidio como cuerpos que sufrieron de dolores atroces, enfermedades que usted desconocía o altas concentraciones de alcohol u otras drogas. No todos los estados requieren las autopsias de las víctimas de suicidio, así que no espere que se realice una de forma automática. En una era donde el SIDA es temido a un grado casi irracional, el personal médico puede negarse a hacer autopsia en casos donde se ha perdido una cantidad importante de sangre, especialmente si la víctima era considerada de alto riesgo por SIDA.

Los medios de comunicación pueden convertirse en una plaga insaciable, sobre todo si la víctima era muy conocida en la comunidad y si algún misterio rodea la muerte. Usted tiene el derecho absoluto de negarse a hablar con los medios de comunicación, si esa es su elección. Más que el responder "Ningún comentario", lo que puede añadir una nota aun más sospechosa para el caso, por lo general es más sabio que darles una declaración de una o dos frases preparadas. Por ejemplo, usted puede decir "Estamos experimentando un gran dolor debido a esta muerte y por ende, elijo abstenerme de comentarios del público en este momento". Una declaración como esta puede ser escrita y se les puede dar a los miembros de la prensa. Si elige hacerlo, simplemente tiene que darse la vuelta e irse antes de dar la información.

Si es molestado por los miembros de la prensa o se da cuenta de que sus límites no son respetados, llame al director de noticias de la cadena de televisión ofensiva o al jefe de redacción de un periódico. Los números de teléfono están en su directorio telefónico o en Internet. Establezca sus preocupaciones firmemente y en unas pocas palabras como sea posible. Sea específico y brinde nombres.

Las implicaciones legales de un suicidio pueden ser extremadamente complejas. Algunas compañías de seguro han clasificado prematuramente los casos de muerte por accidentes u homicidios en suicidios para evitar pagar los beneficios del sobreviviente. Si hay cambios en el testamento donde los herederos no salen beneficiados, ellos pueden parecer más entusiasmados de probar que la víctima era inestable. Muchas víctimas de suicidio dejan testamentos holográficos (escritos a mano) como su Testamento Final y Testamento o codicilos (enmiendas) a un testamento anteriormente preparado. Sus registros financieros y legales pueden estar desorganizados como resultado de su depresión y confusión. Varios miembros de familia pueden estar entusiasmados al manejar o interpretar los documentos en una forma que salgan favorecidos ellos mismos. Todo esto puede ser frustrante para aquellos que querían a la víctima y están sufriendo. Bajo estas circunstancias, normalmente es prudente que todos los asuntos legales o financieros de la víctima sean retenidos por un consejero legal.

En algunos casos, un amigo cercano puede haber estado más íntimamente unido con el suicidio de la víctima que los miembros de la familia. A veces los amigos sienten las señales de suicidio, son receptores de una nota de suicidio o del descubrimiento del cuerpo. Con demasiada frecuencia, estos amigos están excluidos de los rituales de duelo familiares y se encuentran en una posición de confrontación con la familia, especialmente si son nombrados como herederos en el testamento del difunto. Si las familias son más sensibles a las necesidades emocionales de los amigos que están igualmente devastados, ellos también pueden encontrar apoyo adicional a través del vínculo común del dolor compartido.

Dios y el suicidio

Algunas personas pueden sentirse forzadas a compartir sus creencias teológicas sobre el suicidio con usted. Su propia espiritualidad puede ser sacudida por lo que ha sucedido. Mientras que el ánimo espiritual puede ser bienvenido, no es siempre recibido. Puede darse cuenta que quiere más información y tiempo antes de decidir lo que cree sobre este importante asunto. Puede que quiera leer el capítulo 10 sobre Espiritualidad para más información en la materia.

Mientras tanto, puede ser de mucha ayuda que conozca los seis casos de suicidio mencionados en el Antiguo Testamento de la Biblia. En ninguna parte el Antiguo Testamento o la Biblia Hebrea hablan de prohibir el suicidio. Sin embargo, muchos teólogos judíos lo consideran malo e irrespetuoso para el cuerpo que fue creado a imagen de Dios.

Asimismo, el Nuevo Testamento de la Biblia no prohíbe el suicidio. De hecho, a principios de la iglesia Cristiana, a veces era considerada una forma de martirio. Sin embargo, luego San Agustín decretó en el Siglo Cuatro que era un pecado por que excluye la posibilidad de arrepentimiento y viola el sexto mandamiento que es "No matarás". De este modo, la Iglesia católica, ha generalizado más negativismo sobre el suicidio que la rama protestante del Cristianismo. En el Islam, el Corán prohíbe el suicidio a excepción de un rango reducido de circunstancias en combate.

Los teólogos y filósofos siempre han debatido el tema del suicidio. Muchos teólogos del Nuevo Testamento resaltan el espíritu del perdón de Dios revelado por Jesús. Al pedirles a los cristianos el perdonar "setenta veces siete" (generalmente entendido como infinito), Jesús revela la abundancia del perdón de la naturaleza de Dios.

Puede contarle a las personas que se ven deseosos de condenar a su ser querido, que usted necesita tiempo para ordenar este asunto por sí mismo. Mientras tanto, si usted cree que Dios perdona, puede ser de mucha ayuda decir eso.

Una palabra sobre los niños sobrevivientes

Mucho de lo que ha sido escrito en este libro sobre la respuesta de los niños al homicidio (Vea el capítulo 4) es cierto para los niños que se agobian al lidiar con el suicidio. Se les debe decir la verdad de lo ocurrido a los niños que son lo suficientemente mayores para darse cuenta de que la muerte es definitiva. El mentirle lo hace sentir excluido de la familia. Cuando descubre la verdad en el patio o en el vecindario y el niño sabe que no debería saberlo, puede sentirse traicionado. El sentirse traicionado hace que los niños sientan miedo, confusión, furia y a veces culpabilidad porque tienen miedo de que la razón por la que no se les dijo la verdad sea que hicieron algo malo. Las reacciones de los niños al suicidio pueden ser escuchadas y dirigidas como las de los adultos.

A veces los niños creen que de alguna forma fueron responsables de la muerte del suicida, especialmente si fue difícil vivir con la persona que murió y el niño deseó su muerte (como la mayoría de niños lo hacen de vez en cuando). Es extremadamente importante que al niño se le hable sobre la infelicidad y angustia dentro de la persona que tomó su propia vida, de esa forma no puede culparse a sí mismo. La víctima no escogió suicidarse debido a que el niño era malo. La víctima no escogió suicidarse debido a que el niño no estaba con él. La víctima no escogió suicidarse por que el niño podía prevenirlo y no lo hizo.

Desde que lo niños modelan a los adultos en su vida, especialmente a los padres, necesitan educación e instrucciones sobre el suicidio. La información antes dada en este capítulo puede ser comparada con un niño en un nivel de lenguaje en desarrollo para que pueda entenderlo. Ellos necesitan tiempo para escuchar una y otra vez de que el suicidio no es una buena opción en caso de fracasos o una forma para resolver problemas. Ellos necesitan escuchar y ser capaces de repetir de que el suicidio no es una buena forma de escape de la decepción o de la depresión. Esas cosas pueden superarse.

Suicidios repetidos dentro de una familia

Hay una alta incidencia de suicidios en familia que han experimentado un suicidio anterior. El suicidio es potencialmente grande para los varones mayores de tez blanca, especialmente si están enfermos o solos. El aislamiento social junto con el alcohol u otras drogas es otro factor de riesgo. Los viudos por suicidio tienen un riesgo aun mayor.

Si este fue el primer suicidio en la familia o es un evento repetido, hay cosas que usted puede hacer para evitar que suceda otra vez. Reúna a su familia a menudo para resolver el problema. Construya lazos de atención y brinde su apoyo diciendo que los problemas son desafíos a superar, no catástrofes que abruman. Asegúrese de que todos estén conectados a una comunidad de fe u otro grupo social donde puede buscar apoyo en los amigos.

No permita que las personas deprimidas se retiren o se aíslen. Ellos prefieren aislarse por que el relacionarse los absorbe mucho. Inclusive si no tiene ganas de hablar, es importante para usted o para alguien estar presente para conversar, inclusive si la persona no responde mucho. Trate de entablar una conversación de vez en cuando. Utilice a los niños o mascotas para entablar el contacto y motivar la relación. La mayoría de las personas que se sienten lo suficientemente mal como para considerar que quitarse la vida todavía tiene una parte de sí mismos que quiere encontrar la esperanza y una razón para vivir. Haga lo mejor para brindarles eso.

Busque lo que podría ser una mejora. La mayoría de las personas que se suicidan en realidad se sienten mejor después de hacerlo y presentan una elevación de la desesperación anterior. Ellos pueden haber encontrado la energía para hacerlo. Explore los detalles de lo que está haciendo la persona para sentirse mejor y la descripción de lo que está planeado para la noche o el día siguiente. Tenga cuidado con la visión de túnel, en el que no se puede ver una salida para un dolor psicológico. Ese es el contrasello del suicidio.

Para Michael

Querido Michael con ojos bailarines,
Nos preguntamos en qué momento tus ojos se volvieron tan azules;
Cómo pasó, tú eras un muchacho tan guapo;
Por qué si tú siempre eras el que nos hacías reír.

No lo sabemos.

Nos preguntamos por qué tú siendo tan alegre como un niñito
Al decorar el piso de la cocina con jabón
    O harina o espagueti
    O al cubrir las paredes con lápices de labios
    O al llenar nuestros corazones con alegría.

No lo sabemos.

Nos preguntamos dónde pudiste ver para tirar ese jonrón,
La facilidad para decir los chistes más chistosos,
El talento para volverte un buen carpintero,
La compasión para amar a tus pequeñas hijas.

No lo sabemos.

Nos preguntamos por el dolor en tu corazón,
Si tu romance con la muerte inició cuando tu hermano fue asesinado,
Si la muerte fue la solución para facilitar el tormento,
Si este fue el acto final de tomar la responsabilidad.

No lo sabemos.

No sabemos por qué.
Nunca lo sabremos.
No tenemos que saber por qué.

No nos gusta.
No nos tiene que gustar.
Nunca volveremos a ser los mismos.

Pero tenemos una opción sobre lo que podemos hacer con eso.
No nos permitas reflexionar sobre el camino no viajado.
No permitas que nos destruyamos ni que destruyamos.
No permitas que tratemos de explicar el caos de nuestro mundo.

En cambios, permítenos recordar
> que los recuerdos sobreviven,
> que la bondad vive,
> y que el amor es inmortal.
>
> *– Janice Harris Lord, con agradecimiento para Beckie Brown e Iris Bolton*

Sugerencias

- Enfoque su reacción emocional más que en el "por qué" y "cómo". Comprenda que es normal para usted entristecerse profundamente y sentirse confundido sobre lo que ha sucedido.

- Reconozca que es natural para usted estar molesto con la víctima, con usted mismo y con los demás luego del suicidio.

- Si la culpa se vuelve un problema, sumérjase en los hechos. Obtenga copias de los reportes. Converse con los testigos, miembros de la familia y amigos. Esto le ayudará a ganar control y admitir solo la porción de la culpa que es razonable. Dese cuenta que nunca sabrá todas las respuestas.

- No deje que las personas le digan cómo sentirse. Sus sentimientos son de su propiedad.

- Comprenda que puede estar aislado después del suicidio y que no hay mucho que usted pueda hacer a excepción de conversar de forma abierta y honesta sobre lo que ha pasado.

- Si usted está involucrado de forma legal o financiera, mantenga el consejo.

- Recuerde que su ser querido tomó la decisión de suicidarse.

Lo que deseo recordar de este capítulo

Capítulo nueve

LOS DÍAS FESTIVOS

"El día de Acción de Gracias, mientras regresábamos a casa, yo pensaba en la Navidad y en lo difícil que iba a ser. Sabía que debíamos desahogarnos y llorar, y luego tratar de pasarla bien. Es por eso que para Navidad le di a mis padres una foto de Kurt y un pequeño poema titulado 'Si estuviera aquí, sólo diría Te quiero'. Lloramos mucho. Esta Navidad fue un poco más fácil.

Una amiga me envía flores por el cumpleaños de Kurt. Es bueno saber que alguien se acuerda y no teme recordar conmigo.

El programa de básquetbol de la Asociación Cristiana de Jóvenes (YMCA) organiza un homenaje para Kurt. Recuerdo una tarjeta que recibí de uno de sus amigos que se había mudado. La tarjeta decía, 'Kurt, es difícil para nosotros ahora que no estás. Te queremos'. Recordar es importante. Uno necesita celebrar lo que significaron sus vidas, aún cuando celebra su propia vida".

– *Kim Keyes, cuyo hijo murió por culpa de un conductor ebrio.*

Muchas personas luchan contra la atmósfera de tristeza alrededor de los días festivos cuando la familia sufrió una tragedia, como es el caso de una repentina muerte violenta. La avalancha de alegría navideña puede parecer insoportable porque es un cruel recordatorio de cómo su familia se diferencia de aquellas familias felices que aparecen en las revistas y los comerciales de televisión. La primavera puede resultar difícil porque llega el Pésaj, y también puede resultar difícil porque llegan el Pésaj y la Pascua, el día de la Madre y el día del Padre, los cuales son días para recordar la alegría de una nueva vida. Tal vez parezca que sus amigos e incluso sus familiares lo evitan durante las fiestas porque no pueden enfrentarse con usted y su pérdida, y prefieren concentrarse en su propia alegría.

Una madre comentó, "Parece que todos temen mencionar el nombre de mi hijo, probablemente porque piensan que me va a afectar. Deben comprender que nunca voy a olvidar, así lo mencionen o no. Necesito desesperadamente encontrar una manera de hacer que el recuerdo de mi hijo forme parte de la temporada de fiestas. No tiene sentido pensar que puedo olvidar, especialmente en esta época del año".

Grupos como Madres Contra Conductores Ebrios (MADD, por sus siglas en inglés) reservan un momento especial durante las celebraciones del día de Acción de Gracias y Navidad para recordar a sus seres queridos y expresar su esperanza en un futuro menos violento. MADD realiza vigilias con velas en todo el país a comienzos de diciembre. Son acontecimientos simples con algo de música y unos pocos discursos breves. La característica más destacada de esta ceremonia anual es cuando las familias salen al frente para encender una vela en memoria de su ser querido. Corren las lágrimas, pero como dice un padre "Es la forma más hermosa que conozco de decir Feliz Navidad y de reconocer la alegría que Janie nos dio durante los siete años que estuvimos juntos".

Además de las Vigilias en recuerdo de las personas fallecidas, MADD cuenta con numerosos programas para evitar conducir en estado de ebriedad durante las fiestas. Se colocan cintas rojas en los autos para recordar a los viajeros que no conduzcan después de beber. Se destacan otras actividades como los programas de regreso seguro a casa, los conductores designados y las campañas publicitarias.

El hecho de que no se saque algo positivo de las fiestas puede hacer que surjan o regresen las depresiones, los ataques de pánico y otras formas de ansiedad para las personas afectadas.

Las víctimas de crímenes y sus seres queridos suelen revivir los traumas que les cambiaron la vida a través de recuerdos recurrentes, pesadillas y una tristeza abrumadora. Mientras que algunos tienen problemas para dormir, otros no se levantan de la cama. Se llora con facilidad, frecuentemente cuando uno menos lo espera. Tal vez regresen viejas enfermedades, entre ellas dolores de cabeza, problemas gastrointestinales y achaques.

Las familias que realizaron este difícil viaje ofrecen las siguientes recomendaciones para ayudar a quienes recién inician este camino. Muchas personas se sorprenden al descubrir que las expectativas previas a las fiestas son más difíciles que las fiestas mismas. Las fiestas son manejables si uno toma el control de las mismas en lugar de dejarse controlar.

Cambie las tradiciones

Los intentos por hacer que estas fiestas se parezcan a las anteriores únicamente resaltan la diferencia. Reúna a la familia temprano y juntos decidan cuáles tradiciones desean conservar y cuáles quieren abandonar. Cambie los planes para las fiestas a fin de satisfacer las necesidades y los deseos de quienes sufren más.

Realice un homenaje especial

Algunas familias encienden una vela especial y la colocan en el centro de la mesa de fiesta para honrar la memoria de un ser querido que falleció. Otras guardan una silla vacía y colocan una flor u otra clase de recordatorio en el asiento. Ciertas familias escriben recuerdos preciados y los colocan en un plato o bol especial para quienes deseen leerlos.

Tenga en cuenta el lugar para pasar las fiestas

Muchas personas creen que viajar hará que las fiestas sean más llevaderas. Esto puede ser útil si usted viaja a un lugar donde se siente amado y cuidado. No obstante, si organiza un viaje como un intento para evitar la atmósfera festiva, recuerde que las fiestas de Estados Unidos se celebran en todo el país y en muchas partes del mundo. Resulta imposible escapar de los recordatorios de las fiestas.

Mantenga el equilibrio entre la soledad y la interacción social

El descanso y la soledad pueden ayudar a que renueve sus energías. Por otra parte, los amigos y familiares pueden ser una fuente maravillosa de respaldo, especialmente si aceptan su forma de ser y no le dicen cómo creen ellos que usted debería sentirse. Si recibe una invitación para salir a festejar, haga un esfuerzo por ir. Asista a musicales u otros eventos culturales que levanten su ánimo. Puede sorprenderse al disfrutar de una salida especial, aunque después sienta deseos de llorar.

Reviva gratos recuerdos

Los intentos por pasar las fiestas como si nada hubiera sucedido pueden convertirse en una carga pesada y poco realista. Piense en las fiestas que disfrutó en el pasado e identifique los recuerdos que desea conservar en su corazón por siempre. Nadie podrá quitárselos. Celébrelos y siéntase agradecido. Si surgen sentimientos de tristeza en momentos inoportunos, tales como en el trabajo o en reuniones públicas, intente pensar en lo que tiene y no en lo que perdió. Concéntrese en la bendición de los recuerdos en su corazón.

Reserve algo de tiempo para "liberarse"

Fije un momento para estar solo y liberar sentimientos reprimidos de soledad y tristeza. Tal vez desee llorar o escribir acerca de sus emociones y pensamientos. Tal vez desee escribir una carta para decir "adiós", "te quiero" o "lo siento". Aunque parezca extraño, permita que su ser querido le responda a través de su bolígrafo. Puede sorprenderse por lo que escriba. Al reservar momentos especiales para permitir que los sentimientos de dolor afloren, se hace más fácil postergar la manifestación de los mismos en público.

Opóngase a la compañía del silencio

De manera consciente o inconsciente los miembros de la familia conspiran para no mencionar a la persona fallecida. Éste suele ser un intento bien intencionado pero equivocado para proteger sus sentimientos. Si esto sucediera, tome la iniciativa de mencionar el nombre de su ser querido. Así la familia notará que le importa recordar a su ser querido de una manera especial en este momento, y que no se sentirá desolado al hacerlo. Discuta con su familia acerca de la importancia de hablar abiertamente sobre lo sucedido.

Intente concentrarse en lo positivo

Algunas personas llegan a la conclusión de que enfrentarse a las fiestas es simplemente "terrible". Al decidir antes de tiempo que "todo en la vida es terrible" usted hace una generalización irracional a partir de su tragedia personal. Aunque pueda atravesar momentos difíciles durante las fiestas, también puede disfrutar de un poco de alegría. Acepte el amor y el cuidado de los demás. Tiéndale su mano a otra persona que sufre. Permítase sentir tristeza y experimentar alegría.

Encuentre una manera de canalizar su creatividad

Si tiene dificultades para expresar sus sentimientos, busque una forma creativa para hacerlo. Escriba un poema o un cuento que pueda compartir con otras personas. Compre óleos o acuarelas y plasme sus sentimientos en lienzo o en papel, aunque sólo sean manchas de color. Haga un aporte a su organización u obra benéfica preferida.

Recuerde a los niños

Escúchelos. Celébrelos. Los niños pueden tener sentimientos profundos que pasan desapercibidos si dedica todo su tiempo a concentrarse en usted mismo. Colgar decoraciones navideñas puede resultar una experiencia emocional agotadora, pero reconozca la importancia de estos elementos para los niños. Es probable que un amigo o familiar se sienta feliz de ayudarlo a decorar o comprar y envolver regalos. Considere realizar sus compras por Internet como una alternativa al frenesí de los centros de compras, pero no intente "comprar" una salida para sus sentimientos de tristeza.

Proteja su salud

El estrés físico y emocional altera el equilibrio químico de su sistema y puede causarle enfermedades. Aliméntese sano y evite el exceso de dulces. Beba agua en abundancia, aunque no sienta sed. Tome un buen suplemento multivitamínico. Duerma siete u ocho horas cada noche. Hable con su médico acerca de un medicamento antidepresivo o ansiolítico si piensa que puede ser útil. Si tiene dudas sobre los efectos de la medicación, hable sobre su inquietud con el médico.

Utilice los recursos disponibles

Se alienta a los creyentes para que asistan a las ceremonias y los oficios religiosos ofrecidos por su iglesia, sinagoga, mezquita y otros servicios religiosos comunitarios. Muchos "veteranos de la fe" pueden ofrecerle tranquilidad, una presencia silenciosa y sabiduría de sanación. Tal vez desee buscar un grupo de apoyo con personas que pasaron por experiencias similares. En la mayoría de las comunidades, la Asociación de Salud Mental cuenta con un listado de estos grupos. Si no existe uno en su área, cree su propio grupo a corto plazo y concéntrese en pasar las fiestas. La ayuda más valiosa generalmente proviene de alguien que comparte una experiencia similar o comprende el momento que le toca atravesar. Pase todo el tiempo posible con las personas que más quiere.

Lo principal es recordar que no puede cambiar el pasado, pero puede tomar las riendas del presente y dar forma al futuro. Tal vez una recuperación total no sea posible, pero lo que aprenda de la experiencia depende en gran medida de usted.

"El cumpleaños de Michael era el 22 de diciembre. Murió el 4 de febrero así que esa época es muy emotiva para nosotros. Pase la primera Navidad de mi vida de casada en el hospital con mi 'bebé'. Ahora, seis años después, aún nos duele, pero seguimos adelante. Cada 22 de diciembre los hermanos de Mike organizan una fiesta con pizza para recordarlo. Cuando hubiera cumplido 2 años, nueve de sus amigos se reunieron y comieron 22 porciones de pizza. Que maratón".

– Rita Chiavacci

"Aunque nos va a tocar llorar y sollozar, también creo que el simple hecho de hojear el libro de recuerdos compartidos de mi madre servirá para calmar nuestro espíritu. El eco de su risa suave y áspera rebotará en las paredes blancas del departamento de mi padre y se derramará de una foto que la muestra como una mujer deslumbrante de treinta y tantos años, en la cima de su matrimonio y de su carrera.

Mi madre estará allí, sonriendo, porque era demasiado indomable en vida como para permitir que el pequeño asunto de la mortalidad la mantenga alejada de una reunión familiar, especialmente la Navidad".

– Andrew Marton, la primera Navidad
Después de la muerte de su madre, citado con
autorización del periódico Star-Telegram de Fort Worth

Lo que deseo recordar de este capítulo

Capítulo Diez

ESPIRITUALIDAD

"Ya no creo que Dios sea un Dios bueno".

"Nunca pisaré una iglesia nuevamente".

"Únicamente mi fe en Dios me ha permitido resistir esto".

"Si una persona me dice que Dios necesitaba otra flor en su jardín, voy a vomitar".

Todas estas reacciones espirituales son comunes después del asesinato o suicidio de un ser querido Algunos dicen que esa experiencia en realidad fortaleció su fe. Otros dicen que no tuvo efecto en su fe. Otros afirman que su fe disminuyó o quedó destruida. Muchos dicen que su fe personal se fortaleció pero sienten que ya no pueden ser parte de su comunidad religiosa.

Aunque pensara muy poco en la espiritualidad antes de la muerte de su ser querido, probablemente piensa en ella ahora. Al intentar comprender algo que se encuentra más allá de nuestra comprensión, generalmente nos aventuramos a nuevas experiencias previamente inexploradas.

Es posible que un ministro, cura, rabino, imán u otro líder espiritual haya oficiado el funeral de su ser querido. Probablemente haya recibido tarjetas de pésame con mensajes de fe. Los amigos y familiares probablemente hayan intentado consolarlo con referencias espirituales sobre Dios. Cuando se trata de la muerte, nos guste o no, la mayoría de las familias judías y cristianas recurren a Dios, los nativos americanos recurren al Gran Espíritu, los musulmanes recurren a Alá (el nombre árabe para Dios) y los hindúes y budistas buscan una orientación interior y consuelo. Hasta los ateístas proclamados ponderan frecuentemente la idea de trascendencia a partir de una tragedia. Durante el resto de este capítulo haremos referencia a "Dios" porque la religión judío cristiana es la más comúnmente practicada en Estados Unidos.

Algunos experimentan a Dios como apoyo personal, una presencia que trasciende la vida y que les da fuerza y paz. Dicen que su fe en

Dios los mantiene en pie para resistir su sufrimiento y los ayuda a ver la tragedia en perspectiva.

Muchos sobrevivientes se confunden y frustran con la aparente falta de intervención y protección de Dios ante la muerte y se enojan con Dios. Consideran que eran personas de fe y que Dios los desilusionó permitiendo que su ser querido muriera.

> "Me siento tan mal. Es que no lo puedo comprender, es horrible' escribí tres meses después de la muerte de John. Todo lo que puedo decir es 'Oh Dios mío, Oh Dios mío', me siento como si fuera a romperme en pedazos. ¿Por qué Dios permitió que esto sucediera? Si existe Dios, lo odio".
>
> – *Margaret Grogan, su hijo fue asesinado.*

La fe de algunas personas permanece sólida pero se confunden y frustran con las cosas que dicen otras personas sobre Dios. Se preguntan por qué, en el momento de mirar la muerte tan de cerca, otros hablan de la "vida eterna" o del "cielo" como si eso fuera a borrar todas las lágrimas.

Los amigos, parientes y hasta el clero dicen a veces cosas religiosas que pueden doler en vez de ayudar. Casi siembre estas personas tienen buenas intenciones. Simplemente desean ayudarlo a sentirse mejor pero no saben cómo. Es posible que no entiendan que sentirse mejor es simplemente imposible para usted durante un tiempo y que todo lo que usted realmente desea es que lo acompañen en su sufrimiento.

> "Antes de la muerte de Adrianne iba muy pocas veces a la iglesia. Sin embargo, la iglesia a la que pertenezco me ayudó más de lo que podía haber imaginado. Algunas veces, las personas decían cosas inapropiadas pero yo sabía que intentaban hacerme sentir mejor. Me encontré fortaleciendo mi poca fe. No creo que podría haber sobrevivido sin la sensación de que Dios estaba conmigo".
>
> – *Linda Jones, su hija fue asesinada.*

Linda Jones pudo dejar pasar algunos comentarios inoportunos que le hacían y aceptar sus esfuerzos como manifestaciones físicas de su cuidado hacia ella y su familia. También es posible que pueda entender incorrectamente lo que otros quieren decir cuando hablan acerca de Dios.

Es la voluntad de Dios.

Este "consuelo" puede ser más doloroso para los familiares que cualquier otra frase con buenas intenciones. Una muerte súbita y violenta es absurda. Su ser querido no lo merecía. Ni usted lo merece. Entonces que Dios lo deseara no tiene sentido.

En su dolor, puede exclamar: "¿Por qué? ¿Por qué?" aunque comprenda la causa concreta de la muerte. Espera una explicación mejor, un motivo más profundo, más sentido.

Es paradójico que mientras más uno desea una respuesta para el misterio de "¿por qué?", parece más difícil encontrarla. La causa de una muerte trágica generalmente es la opción o negligencia de alguien. Es un problema "humano" en vez de un problema de "Dios". Mientras los seres humanos tengamos la libertad de tomar decisiones, algunos tendrán la opción de hacer el mal en el peor de los casos y ser negligentes en el mejor de los casos y los inocentes sufrirán las consecuencias.

En el medio de su confusión, sobre el "¿por qué?" una persona con buenas intenciones puede decirle que la tragedia fue voluntad de Dios. Esa persona quiere decir que una razón mística fue responsable de la muerte de su ser querido y que solamente Dios conoce ese motivo. Quieren decir que la razón escapa de su entendimiento.

Sólo usted puede decidir si ese razonamiento tiene sentido. Si esta línea de razonamiento no es aceptable para usted, probablemente se sienta enojado y resentido con la explicación. Puede identificarse con el líder judío que cuando le preguntaron si había un significado para el Holocausto respondió: "Oh, espero que no".

Entonces por qué las personas usan la frase "Fue la voluntad de Dios" tan a menudo. Es una respuesta simplista a una pregunta compleja que ellos no entienden. No se dan cuenta que usted se sentiría mucho más aliviada si dijeran "Tampoco yo lo entiendo".

Cuando un niño pregunta: "¿Por qué el césped es verde?" es fácil responder "Es así porque Dios lo hizo". Cuando el césped se vuelve marrón y parece muerto es fácil responder lo mismo. Esa respuesta tranquiliza al niño y es un escape para el padre que puede no tener una respuesta científica a la pregunta.

El rol de Dios en lo que le sucedió lo determina su fe. Si cree que de alguna manera eso fue "la voluntad de Dios", está bien. Si eso no tiene sentido para usted, trate de entender que aquellos que lo dicen tienen buenas intenciones. Están nerviosos y ansiosos y desean ser útiles. Su objetivo es ayudarlo a sentirse mejor pero pueden no pensar antes de hablar. Pueden estar compartiendo su propia decisión de fe y no intentan hacerle daño. Lo que ellos desean que usted crea es que usted aún es importante para Dios y que él se preocupa por usted.

Estar enojado es pecado

Tal vez usted creció escuchando que estar enojado era malo. Tal como sucedía cuando Santa Claus o el conejo de Pascuas no venía si era un "mal" niño o actuaba con enojo, Dios lo rechazaría si sintiera enojo.

Es sorprendente que tantas personas crean que el enojo es malo cuando la mayoría de las religiones tratan el enojo como un componente importante para luchar o contraatacar el mal.

¿Por qué entonces hay tantas personas dispuestas a decirle tan piadosamente que usted no debe estar enojado? Probablemente porque tienen miedo a que usted se deje llevar por eso. El pensamiento de un suicidio u homicidio de su parte, en respuesta a la muerte de su ser querido sería el peor trauma para aquellos que lo aman. Se sentirían mejor si pudiera asegurarles que no tomará decisiones irracionales. La furia incontrolable, hablar en términos de venganza o fantasear con "hacer desaparecer" al delincuente no significa que usted es una persona que hará justicia con sus manos o se dejará llevar por sus sentimientos.

Es extremadamente raro que las personas que estén sumergidas en un duelo tan profundo planifiquen matar al delincuente. Pueden pensar en ello pero muy ocasionalmente cometen un acto delictivo u hostil.

Si sus amigos están tan preocupados por su enojo que se sienten obligados a silenciarlo, puede calmarlos simplemente asegurándoles que usted no se hará daño ni lastimará al delincuente. Si considera que el Dios en que usted cree puede manejar su enojo, rabia, pensamiento de venganza y confusión, dígaselos. Usted se sentirá mejor y ellos también.

¡Ayuda! ¡Ya no puedo soportarlo más!
¡Dios, llévame de aquí!

El fango de mi angustia
ha agotado mi fortaleza,
desestabilizado mis creencias,
ahogado mi fe.

¿Dónde estás, Dios?
¿Por qué no me rescatas
de esta ciénaga?

"Continúa.

No prometo hacer desaparecer
el dolor que hay en tu vida.
Pero te pido que me des el espacio
para sentarme en el fango junto a ti.

¿Recuerdas mi promesa de nunca dejarte?
Confía en mí.
Continúa".

– *Dorothy Mercer*

Debe perdonar.

Sin lugar a dudas, usted se verá obligado a reflexionar en su concepto de perdón. Para poder sobrellevar el trauma y permanecer saludable, deberá decidir cómo enfrentar sus pensamientos sobre el delincuente y conservar su integridad.

En los casos en los que el delincuente también muere, el tema del perdón en algún punto puede evitarse. Para aquellos casos en los que el delincuente sigue con vida, especialmente si el sistema judicial está implicado en el caso, el tema no se puede evitar.

La sociedad tiende a perdonar fácilmente. Está tan dispuesta a perdonar que no requiere el arrepentimiento de parte del delincuente. Muchos homicidas realizan acuerdos con los fiscales del sistema judicial penal y sus abogados les recomiendan que se declaren culpables de un delito menor a cambio de una sentencia más indulgente. Al mismo tiempo, se le indica al delincuente que no se contacte con usted porque eso puede implicar una admisión de culpabilidad. ¿Creen la sociedad y el sistema judicial penal que tal acuerdo es un arrepentimiento genuino? Aparentemente, sí. Eso es todo lo necesario.

Usted y otros familiares pueden decir: "Si tan sólo pudiera mirarme a los ojos y decirme sinceramente que lo siente significaría mucho para mí". Una reacción común a esta afirmación es que "solamente una familia vengativa haría que el delincuente atravesara eso". Para usted, escuchar una declaración de compunción y arrepentimiento puede ser un componente muy importante de justicia con integridad.

Algunos familiares han podido perdonar cuando el delincuente muestra un arrepentimiento genuino aunque ellos nunca podrán olvidar. No obstante, muchas otras personas no pueden perdonar. La mayoría de ellos no están dispuestos a dar "un perdón fácil" a los delincuentes, un gesto de perdón que no tiene un significado verdadero porque el delincuente no ha mostrado arrepentimiento y no se ha comprometido a cambiar.

Deberá decidir, según sus experiencias de vida y convicciones religiosas qué es el perdón para usted. Es una tarea difícil y compleja. Si otros implican que usted debe perdonar, dígales que para usted es un asunto importante y que lo manejará de una manera que sea compatible con su integridad.

Tanto las Escrituras Hebreas y el Nuevo Testamento del Cristianismo enfatizan la compasión de Dios por los abusados y los oprimidos no por los opresores. Dios se opone a la violencia pero la aprueba en esos casos en los que el pecado está fuera de control y los pecadores no tienen la voluntad de arrepentirse ni de cambiar su accionar, como en Sodoma y Gomorra. Jesús no siempre perdonaba. De hecho, Él dijo "Si alguien hace pecar a uno de estos pequeños ("seguidores" en griego) que creen en mí, más le valdría que le ataran al cuello una piedra de molino y lo arrojaran al mar". (Marcos 9:42) Claramente, Dios se reconoce con el que sufre.

Judith Herman, conocida psicóloga de casos de trauma e investigadora afirma en su libro, *Trauma and Recovery,* que tanto la venganza como el perdón pueden derivar de los intentos de tener poder. Es fácil comprender la venganza como acto de poder aunque las consecuencias de llevarla a cabo posiblemente despoje a la persona de ese poder. Es más complicado pensar en el perdón de esa manera. No obstante, la idea, en su forma más simple, es que perdonar al delincuente debe trascender la rabia y disminuir el impacto del trauma. El perdón es considerado un acto voluntario positivo, mientras que la venganza es un acto voluntario pero negativo. El mito es que uno u otro eliminará el dolor. Obviamente ningún acto de odio ni de amor puede trascender completamente el trauma. Ambos son relativos. Ninguno de ellos puede lograrse en soledad.

El amor es incondicional. El perdón no lo es. Algunos dicen que perdonar es divino. Sin embargo, en casi todas las religiones, incluido el cristianismo y el judaísmo, el perdón es condicional. Hasta un proverbio japonés señala que "Perdonar al que no se arrepiente es como dibujar en el agua". No es un arreglo rápido, simple y fácil que se puede hacer de una vez y ya. Es un problema teológico complejo y muchos creen que no se debe perdonar hasta que el ofensor se gane el perdón con la confesión, el arrepentimiento y la restitución.

Puede ser útil para usted darse cuenta que la mayoría de las referencias al perdón de la Biblia son entre Dios y una persona, la recuperación de una relación rota. Jesús no perdona a los extraños que apuestan por su ropa al pie de la cruz. Él le pide a Dios que perdone tal vez sabiendo que ellos han abandonado su relación con Dios Aún en las historias de perdón humano de la Biblia, éste no se otorga simplemente por un capricho. El padre de la parábola del hijo pródigo no busca a su hijo para perdonarlo cuando éste gasta la herencia de su familia en vino, mujeres y canciones. Solamente cuando el hijo se da cuenta de lo absurdo de su comportamiento y regresa a casa, le dice a su padre que se arrepiente y promete cambiar sus actos es que el padre lo recibe y planifica una fiesta de bienvenida. En esta historia, el perdón llevó a la reconciliación de dos personas que originalmente se amaban y luego rompieron una relación. En primer lugar, la mayoría de los familiares de alguien asesinado nunca tuvieron una relación con el asesino, entonces, ¿qué se puede recuperar?

Hay temas psicológicos y teológicos involucrados en lo que las personas llaman perdón. La palabra tiene diferentes significados para diferentes personas. Muchos utilizan la palabra "perdón" para un proceso psicológico de "dejar ir". Estas personas eligen dejar pasar sus preguntas sobre el delincuente, determinando que ya no permitirán que esa persona tenga un rol psicológico en sus vidas. La decisión es unilateral.

Un ejemplo de este proceso psicológico de "dejar ir" es Betty Jane Spencer, quien ha sido citada varias veces en este libro. Durante años después de que sus cuatro hijos fueran asesinados, Betty Jane sentía mucha rabia por los delincuentes y Dios. Con asistencia psicológica pudo recuperarse y volver a construir una relación con Dios. Podía hacerse a un lado o liberar su rabia con los delincuentes aunque era precavida porque ellos continuaban diciendo que su único arrepentimiento es que no la mataron a ella también esa noche. El perdón, en el sentido teológico, no le parecía correcto porque implicaba la voluntad de crear una relación mutua con los delincuentes. No tenía ninguna relación con ellos antes de que asesinaran a su familia y ella no tenía ningún deseo de relacionarse con ellos. Si ellos deseaban recuperar su relación quebrada con Dios, ella estaba más que contenta por ellos. Mientras tanto, ella ya no tenía sentimientos negativos hacia ellos que pudieran ser peligrosos para ella.

David Augsburger, famoso teólogo y autor de *Helping People Forgive,* describe la naturaleza mutua o bilateral del perdón como "experimentar una sanación y bienestar recuperando al otro como hermano/a; celebrar relaciones restauradas o recreadas".

Un ejemplo de perdón bilateral es Elizabeth Menkin, cuya hermana,

Elaine, fue asesinada por Suzana Cooper quien conducía ebria. Elizabeth estaba llena de rabia hasta el día que ella y su joven sobrina fueron a ver los automóviles destrozados. Su sobrina notó qua había juguetes en la minivan de la delincuente. Ellas se dieron cuenta de que la joven que había matado a su hermana y tía era una madre. Durante las semanas siguientes, los pensamientos de Elizabeth se volvieron a los hijos cuya madre estaba en prisión. Comenzó a sentir que tenía una relación implícita con los hijos de la joven e indirectamente con su joven madre. En ese momento, buscó un programa de mediación entre víctimas y delincuentes para prepararse para conocer a Suzana.

A medida que se esforzaba preparándose para la reunión, Elizabeth Menkin ponderó su fe judía y las R de Yom Kippur: Reconocimiento de haber pecado, remordimiento, arrepentimiento, restitución y reforma. No podía perdonar a Suzana Cooper si Suzana no mostraba evidencia de estas actitudes de su parte. Creía que Dios requería estas cosas de parte de Suzana antes de que ella pudiera considerar perdonarla. Elizabeth se dio cuenta de que el perdón no podía ser dado sino ganado. Pensaba que podía brindarlo si se lo ganaban.

El reconocimiento, remordimiento y arrepentimiento eran aparentes en la primera reunión cuando Suzana casi no podía hablar entre sus lágrimas. Eventualmente, logró los dos pasos restantes a medida que construía una relación con la familia Menkin. Durante los 19 meses en prisión, Suzana debía escribir a sus hijos todas las semanas y a la familia de la víctima cada quince días informándoles de su progreso. Se le ordenó asistir a clases acerca de cómo criar a los hijos y a reuniones de alcohólicos anónimos además de obtener el Diploma de Equivalencia General (GED). Cuando salió de prisión se le ordenó donar 10 por ciento de sus ingresos a caridad, ir a iglesia con sus hijos y trabajar para que los conductores alcoholizados ya no estén en las calles. Aproximadamente dos años después de su liberación, Suzana seguía progresando.

"Ahora, todo lo que espero es que Suzana pueda verse no como alguien que hizo una cosa horrible sino como alguien que aun habiendo cometido un terrible error ahora está haciendo algo valiente y honrado" dice Elizabeth Menkin.

Perdonar debe ser considerado muy seriamente. El teólogo Dietrich Bonhoffer dice que hacerlo a la ligera es dar "un perdón fácil". Tómese su tiempo y tome la decisión correcta para usted, su familia y el delincuente. La decisión correcta es la que surge de su integridad personal y su fe. Esta decisión puede ser o no ser la que otras personas consideran que es lo mejor para usted.

Si lo deja "en manos de Dios", usted estará bien.

Algunos sugieren que Dios es como un tranquilizante que aliviará las carencias si uno tiene suficiente fe. Hacer parecer que esta tarea tan difícil sea tan simple puede irritarlo. Tal vez, usted haya rezado pero las oraciones no parecen tener respuestas. O puede haber rezado y encontrado un sentimiento de calma y paz pero aun está confundido. Los que tienen experiencia en la fe, en la mayoría de las religiones, encuentran algo como una "presencia constante" en el medio de su dolor y sufrimiento. Experimentan a Dios no tanto como una solución para su problema del duelo sino como un compañero que los acompaña a través de esta experiencia. Ese tipo de fe da fortaleza.

A veces la mayoría de las personas que lo aman se sienten incapaces de hacerlo sentir mejor, entonces, desean que Dios lo haga por ellos. Desean especialmente que su Dios pudiera estar presente en usted. No obstante, estas palabras que pueden sonar tan simplistas y triviales pueden ser expresiones de preocupación y amor genuinos por usted.

Es posible que crea o no que el alma de su ser querido continúa con vida en la eternidad. Si es así, en sí mismo, este pensamiento es un consuelo. Sin embargo, esto no significa que no tenga el derecho de extrañar y ansiar profundamente el cuerpo y la presencia de aquel que ya no puede ver, escuchar o tocar. Tal vez sea útil para usted y para los que intentan consolarlo explicar que hay muchos componentes del duelo afectivo y que usted se está ocupando de los componentes religiosos de la manera más honesta que puede. Por ejemplo, puede descubrir que después de meses o años cuando se abra a otros pueda encontrar algunas de las respuestas.

"Recientemente pregunté a Elie Wiesel cómo lograr sobreponerse a la desesperanza. Hablamos de cosas como desesperanza y Dios. De ahí, mi pregunta. Este hombre, quien más que la mayoría de hombres tiene motivos para estar desesperado, este hombre que ha perdido a su familia en el campo de la muerte y él mismo apenas sobrevivió, me miró con esos profundos ojos oscuros que habían visto el abismo y dijo '¿Quieres saber cómo sobrellevar la desesperación? Te diré. Ayudando a otros a sobrellevar la desesperación'.

Esperó y luego esbozó una pequeña sonrisa. Me di cuenta de la verdad en lo que me había dicho porque me sentía menos desesperado precisamente en ese momento porque él y yo habíamos estado hablando juntos y compartido nuestras luchas juntos. Él estaba diciendo eso, que yo lo ayudé con su desesperación tanto como él me ayudó con la mía. La vida eterna y lo que sea que hay en ella es algo que no podemos experimentar solos, sino juntos".

– *Theodore Loder, Pastor, Primera Iglesia Metodista Unida de Germantown, PA*

Experiencias espirituales después de la muerte

Las experiencias del tipo místicas en las que los sobrevivientes sienten la presencia espiritual del ser amado fallecido son muy comunes. Estas experiencias pueden ser muy sanadoras espiritual y emocionalmente para aquellos afortunados que las tienen.

Los seres queridos frecuentemente informan sobre comunicaciones directas y espontáneas de sus seres queridos. Estas comunicaciones varían desde una vaga sensación de la presencia de la persona fallecida hasta escuchar voces, ver visiones (figuras transparentes a cuerpos completos), sentir roces y oler aromas como el perfume o loción para después de afeitar del ser querido. Las comunicaciones verbales o implícitas se concentran frecuentemente en mensajes como "Estoy bien", "No te sientas mal por mí", "Te amo" o una variación de "Adiós".

Nadie sabe con seguridad si estos sucesos son verdaderos mensajes de los difuntos o una mera coincidencia a la que el receptor le dio un determinado significado. No obstante, está claro que ellos brindan tranquilidad y consuelo a los seres queridos sobrevivientes.

"No se sorprenda de los sueños muy vívidos. Creo que Adrianne viene a mí de esta manera cuando sabe que necesito consuelo. Creo que ellos vuelven a nosotros, especialmente después de una muerte violenta, porque queda mucho sin resolver. Ellos están 'ahí'. No hay duda de ello. A medida que pasa el tiempo y que comienzo a recuperarme más, las visitas de Adrianne no son tan frecuentes o intensas. Creo que ella sabe que si se aleja rápida y violentamente sería mucho más difícil para mí seguir adelante y recuperarme".

– *Linda Jones, su hija fue asesinada.*

Si tuviera una experiencia como ésta, acéptela y celébrela de la manera que sea significativa para usted. Comparta esta experiencia con personas en las que confía. Probablemente se sorprenderá de la cantidad de personas que han tenido experiencias similares. Este fenómeno es comentado abiertamente en muchas culturas del mundo. Nuestra sociedad está tan orientada hacia lo científico que perdemos contacto con lo místico fácilmente.

Por otro lado, no se desespere si no ha tenido este tipo de experiencias. Nadie sabe porqué algunos las tienen y otros no. Probablemente sea poco prudente buscar "psíquicos" para intentar forzar esta experiencia o resolver el delito cometido. Algunos son psíquicos verdaderos, pero muchos no lo son.

Todos estos temas relativos a la fe son una parte importante de su proceso de duelo. Procesarlos lleva tiempo y esfuerzo. Al tratarlos, puede sentirse satisfecho por estar trabajando el componente espiritual de su pérdida, el cual también afecta el componente emocional. Es una ardua tarea.

Sugerencias

- Busque una persona de fe que haya tenido una experiencia similar a la suya. Pregunte a esa persona de qué manera la fe es útil para él/ella. Es posible que pueda o no compartir su experiencia.

- Evite discutir con personas que utilizan a Dios como una respuesta simple a preguntas complejas. Intente aceptar el hecho de que el camino a la fe de otros puede ser diferente al suyo.

- Evite entrar en conflictos con otras personas que no se sienten cómodos con su enojo y variedad de sentimientos. Asegúreles que usted no se hará daño ni dañará a otros.

- Pruebe con leer algunos capítulos del Libro de los Salmos de la Biblia, tal vez los salmos 23 y 139. Escriba en un diario o cuaderno lo que significan esos salmos para usted.

- Piense seriamente en el perdón y lo que desea que signifique para usted y el delincuente. No deje que nadie lo obligue a decir palabras que usted no siente.

- Si sigue teniendo problemas sobre sentimientos o creencias religiosas, comuníquese con el capellán de un hospital o un asesor pastoral de su propia religión. Los capellanes tienen una capacitación especial para aceptar y tratar el duelo traumático. O puede buscar un pastor, cura, rabino o cualquier otro líder en la fe que lo haya ayudado antes o a otras personas.

Lo que deseo recordar de este capítulo

Capítulo Once

ASISTENCIA PSICOLÓGICA PROFESIONAL

No es fácil decidir si necesita asistencia psicológica profesional y cuándo la necesita para poder superar su duelo. Muchas personas consideran que la asistencia psicológica es útil aunque consideren que pueden seguir adelante sin ella. Sin dudas, la asistencia psicológica no le hará daño si su psicólogo tiene un entendimiento de los traumas posteriores a una muerte súbita y violenta de un ser querido y está comprometido a tratar a los sobrevivientes con dignidad y compasión.

Como se afirma anteriormente, el duelo traumático comparte muchos síntomas con la depresión clínica:

- Cambios en el apetito
- Trastornos para dormir
- Achaques y dolores físicos
- Disminución del deseo sexual
- Pérdida de energía
- Incapacidad para concentrarse
- Necesidad de distanciarse

Estas consecuencias naturales del duelo después de una pérdida trágica pueden ser mal diagnosticadas si el psicólogo no conoce todo lo que usted ha experimentado. Sin embargo, como estas consecuencias son comunes entre las personas que han experimentado una muerte trágica de un ser querido, no significa que usted no deba buscar alivio para algunos de estos síntomas. Al igual que tomar medicamentos para curarse de un resfrío, gripe, presión arterial alta o la diabetes también es correcto tomar medicamentos para ayudarlo a mitigar los síntomas de duelo traumático. Muchos de estos síntomas pueden ser aliviados considerablemente con pequeñas dosis de antidepresivos. Los nuevos antidepresivos no provocan una sensación de aturdimiento o atontamiento. De hecho, pueden pasar varios días o semanas antes de sentir el efecto. Hasta entonces, puede no sentir nada drástico. Sólo se dará cuenta de que es más fácil dormir, levantarse renovado, terminar el día de trabajo y disfrutar algunas de las cosas que disfrutaba antes.

Otras reacciones comunes entre los sobrevivientes a traumas son:

- Periodos imprevistos de llanto (espasmos de pena) que continúan ocurriendo por años

- Sueños y recuerdos ocasionales

- Enojo que es difícil de atribuir

- Dificultad para decidir qué hacer con los recuerdos, ropa y otras posesiones del difunto.

- Una tristeza profunda, incluidos deseos irracionales de morir, como fantasías homicidas o suicidas

- Miedo y ansiedad, especialmente para salir a la comunidad solo.

Estos síntomas deben ser considerados naturales y normales después de una pérdida traumática. Es muy raro, si es que sucede alguna vez, analizar el duelo desde un modelo médico, por ejemplo, "Usted está enfermo y por lo tanto necesita un tratamiento para recuperarse". Es más adecuado analizar la severidad del trauma que causó los síntomas y luego decidir si hay consecuencias naturales de un evento muy anormal.

Nadie puede saber cuánto tiempo durará su duelo, cuántos síntomas esperar o cuál será la intensidad de un síntoma determinado en su caso. Lo que sí sabemos es que para la mayoría de las personas, el duelo es muy doloroso y dura mucho tiempo.

Hasta es difícil evaluar su progreso a medida que atraviesa este duelo y comienza a sentirse mejor. La palabra "recuperación" parece indicar que la persona está enferma y que se mejora nuevamente. Muy pocas personas que han experimentado la muerte súbita y trágica de una persona querida se sienten completamente "recuperados". La mayoría de ellos dicen que se sienten cambiados por esa pérdida. Pocas veces uno "sana" completamente pero esta palabra es una palabra más amplia para poder describir su meta porque implica que hay cicatrices hasta después de que ha cerrado una herida.

Es crucial para usted darse cuenta que se siente mejor con el paso del tiempo. El tiempo obviamente no "cura todas las heridas" pero ayuda a sanarlas. No obstante, el problema es que deseamos acelerar este tiempo de recuperación. Somos una sociedad que arregla todo rápidamente pero no hay manera de que este dolor se supere rápidamente. Anne Lamott lo dice claramente en su libro *Traveling Mercies*:

> "Todos esos años que desee que ese gran palacio cubriera esa aflicción deben haber pasado tan rápida y privadamente como fuera posible. Pero he descubierto que el miedo permanente de sentir el duelo nos mantiene en un páramo, un lugar aislado y que solamente sintiendo el duelo podemos curar el dolor. El paso del tiempo disminuirá la intensidad pero el tiempo solo, sin la experiencia directa de sentir la aflicción, no lo curará".

Muchos sobrevivientes comienzan a recuperarse por sí mismos si tienen familia y amigos que los aceptan, los apoyan y se unen a ellos en su duelo. Será necesario que hable sobre las circunstancias de la muerte y compartirá algunos recuerdos de su ser querido una y otra vez. Si su familia o amigos no pueden o no desean estar con usted o escucharlo, puede encontrar apoyo leyendo libros como éste y siendo miembro de organizaciones que tienen grupos de apoyo para el duelo. Muchos sobrevivientes pasan meses o años en grupos de apoyo para recuperar su salud emocional. Si no hay un grupo disponible o si considera que un grupo no lo ayuda, puede decidir buscar ayuda profesional. Algunas personas buscan ayuda profesional además de grupos de apoyo.

La mayoría de las personas saben cuando necesitan ayuda profesional. Lo saben porque sus síntomas físicos son severos o porque no están mejorando. Otros saben que necesitan ayuda porque su dolor emocional es muy difícil de sobrellevar. Están exhaustos pero no pueden dormir por los pensamientos, recuerdos o pesadillas perturbadoras. No poder dormir causa una irritabilidad extrema, arrebatos de cólera y depresión. Un psicólogo profesional puede ayudarlo a analizar sus pensamientos, sentimientos y síntomas para determinar si se deben a su pérdida o duelo. Es paradójico que algunas veces cuando se siente inseguro realmente está progresando bien en su duelo. Si usted está mejor hoy con respecto a una semana atrás o un mes atrás, probablemente esté progresando considerablemente. Si está igual o peor, probablemente se beneficiará con la ayuda.

El resto de este capítulo puede serle útil como una lista de verificación para considerar buscar ayuda psicológica profesional. A continuación hay algunos de los síntomas que indican que puede necesitar asistencia psicológica y/o medicamentos recetados durante un plazo corto para ayudarlo a sentirse mejor. Después de un tiempo de recibir asistencia profesional, puede descubrir que los amigos, la familia y/o los grupos de apoyo son suficiente.

Quedar "atrapado" en el duelo

Sobrellevar la pérdida de un ser querido por una muerte violenta e imprevista continúa, hasta cierto punto, durante años. No obstante, si analiza los últimos meses o años y llega a la conclusión de que su pena es tan intensa como lo era inmediatamente después de la tragedia, puede estar "atrapado" en esa situación. El dolor debido a que un ser querido fue asesinado puede tardar en salir a la luz. Puede ser más intenso y durar más tiempo que el dolor causado por la mayoría de las muertes anticipadas y sin violencia. Si no puede volver atrás y ver que está mejorando o si no puede imaginar sentirse mejor en el futuro, es posible que necesite ayuda profesional.

Ausencia de duelo

No todas las personas expresan su duelo abiertamente. Algunos lo experimenten en privado y con tranquilidad, lo que hace que otras personas piensen que no hacen su duelo en lo absoluto y se preocupan de que algo ande mal con ellos. En realidad un porcentaje muy bajo de sobrevivientes no expresan significativamente su duelo. Parecen capaces de tomarse el trauma como si nada sucediera. Pueden seguir adelante, ocupados y eficientes y aparentemente están llevándolo bien. Sin embargo, si usted es de este tipo de personas, es sensato analizar cuidadosamente y sinceramente en usted. ¿Se siente ansioso cuando piensa en la persona que fue asesinada? ¿Se siente incómodo cuando sus amigos se solidarizan con usted? ¿Le prohíbe a otros hablar sobre su ser querido difunto? ¿Está más tenso e irritable que antes? Si responde Sí a algunas de estas preguntas, es posible que obtener asistencia profesional sea beneficioso para usted.

Casi todas las personas que atraviesan el duelo por un ser querido experimentan un periodo cuando nada de la muerte parece real. Es imposible hablar de eso porque las palabras parecen desaparecer. La frase "horror indescriptible" parece ser muy acertada para estas personas. Esa es una reacción natural. Si bien con el tiempo, la realidad parece hundirse y las palabras deben ser dichas. Aunque sea difícil, es saludable enfrentar el dolor y no luchar contra él. Cuando las palabras aparecen, debe compartirlas con alguien que las acepte.

Puede tener miedo de pensar en su ser querido difunto porque cree que el dolor será intolerable. Es posible que tenga miedo de perder el control. Está bien evitar pensar en él/ella por un tiempo pero controle su experiencia. Si usted "sigue adelante de manera habitual" pero considera que necesita mucha energía para evitar pensar en su ser querido difunto o impedir que otros lo recuerden, es posible que necesite la ayuda de un profesional para que lo ayude a afrontar la realidad. No pedir ayuda puede manifestarse en un alejamiento emocional de las personas que ama o en una enfermedad física.

Problemas preexistentes

Si tenía problemas antes de la muerte de su ser querido, es posible que esos problemas empeoren. Los problemas de salud pueden empeorar. Si tiene un historial de problemas mentales o emocionales, esos problemas pueden empeorar. Si su familia o si su matrimonio tenían problemas, esos problemas pueden empeorar. Si era una persona "solitaria" y no recurría a personas para que lo apoyaran antes, es probable que tenga dificultades para buscar apoyo ahora.

Una muerte súbita en una familia disfuncional puede ser complejo. Las familias en las que sus miembros son consumidores de alcohol u otras drogas, en las que el abuso sexual o físico es común y hasta las familias en las que uno o ambos padres son adictos al trabajo son familias en las que la negación abunda como estilo de vida. Las personas en estas familias pretenden que lo que está sucediendo en realidad no está sucediendo. Muchos adultos de familias disfuncionales sufrieron traumas emocionales profundos cuando eran niños. A fin de sobrellevar el caos que los rodeaba, aprendieron a negar el dolor. Aprendieron a fingir. De hecho, las peores cosas sucedían en su hogar, mientras más fingían, mejor aparentaban y actuaban mejor en público.

Las reglas implícitas de estas familias generalmente son: "No sientan lo que sienten", "No hablen sobre su dolor" y "Lo que sucede en la familia es asunto de la familia y de nadie más". Si uno crece con estas reglas implícitas, será muy difícil aceptar lo que ha pasado y estar dispuesto a aceptar el dolor. Para muchas personas, será necesario hacer un viaje valiente y doloroso a la infancia antes de poder enfrentar el dolor actual. La mayoría de las personas se refugian en su nivel de funcionamiento más básico cuando están bajo estrés. Los miembros de una familia disfuncional son adeptos a dar la impresión de que están controlados para ocultar el dolor. Esto es exactamente lo opuesto a lo que se necesita para trabajar el duelo.

Estas características no deben desalentarlo. Simplemente significan que si usted tenía problemas en su familia antes de la muerte, es mucho más probable que necesite más ayuda profesional que aquellos que no tienen estos factores en sus vidas. Usted debe asumir la responsabilidad de buscar la ayuda que usted y su familia necesitan.

Concepto negativo de uno mismo

La autoestima se ve afectada cuando una muerte violenta y súbita sacude la familia. Muchos sobrevivientes se sienten culpables y se culpan por lo que sucedió. La mayoría de ellos se sienten incapaces de consolar a otros. Muchos se preguntan si son lo suficientemente fuertes para sobrellevar su duelo.

No obstante, con el tiempo, el pensamiento racional vuelve y los sobrevivientes pueden atribuir la responsabilidad como corresponde. Si no puede volver al pensamiento racional o si considera que es malo, incompetente o se siente culpable, probablemente necesite hablar de estas percepciones con un psicólogo profesional. La conceptos negativos de uno mismo sumados al duelo son una combinación muy fuerte especialmente cuando subsisten más allá de las expectativas normales. Usted merece ayuda para hacerles frente.

Exceso de culpa

La culpa, como se afirma anteriormente, es normal durante algún tiempo durante el proceso del duelo. Si la relación con la persona que murió era buena, es probable que pueda resolver su culpa con el paso del tiempo. Podrá recordar los buenos momentos y los malos momentos igualmente.

Anhelar y ansiar a la persona que ya no está todavía será su enfoque principal por un tiempo.

Por otro lado, si su relación con la persona que murió era complicada, la culpa puede consumirlo. También puede ser tan devastadora que su conciencia esconda la culpa y se olvide de los malos momentos. Luego, ya no sentirá hostilidad y colocará a la persona muerta en un pedestal. Este fenómeno es común cuando muere un adolescente o el padre/madre de un adolescente. Los sentimientos negativos son comunes porque los adolescentes se independizan de sus familias. Esto también puede suceder cuando muere uno de los cónyuges en un matrimonio con problemas.

Algunas veces, la culpa puede ser tan grave que el sobreviviente mantiene mentalmente viva a la víctima para poder sobreponerse. En estos casos, el sobreviviente hace referencia al difunto como si todavía estuviera vivo. La mayoría de los sobrevivientes tienen pesadillas y recuerdos y al estar conscientes se preguntan si la víctima está realmente muerta. Eso es normal. Sin embargo, si usted cree, todo el tiempo, que su ser querido todavía está vivo, necesita ayuda profesional.

Algunas veces, los sobrevivientes necesitan comunicarse con el difunto. Hasta pueden idear rituales mágicos para comunicarse. Muchos sobrevivientes necesitan tiempo antes de poder seleccionar la ropa o ingresar a la residencia de un ser amado. No obstante, las personas que están muy angustiadas algunas veces hacen un "santuario" con las cosas que poseía su ser amado o la habitación o casa en la que vivía. El sobreviviente insiste en que la habitación quede exactamente como estaba antes de que muriera el ser querido y se enfurece cuando alguien intenta mover algo. Este sobreviviente puede darle un significado mágico a la habitación y tocar ciertas cosas o considerar ciertos objetos como medio para buscar algún tipo de conexión con el difunto. Un psicólogo experto en el tema entiende por qué el sobreviviente encuentra necesario actuar de esta manera y lo ayudará gentilmente y con paciencia a enfrentar temas que pueden liberarlo para poder transitar su duelo más adecuadamente.

Dependencia

Perder a alguien de quien uno depende es extremadamente traumático. Un niño cuyo padre ha muerto no puede transferir su dependencia fácilmente a un nuevo cuidador.

Perder un hijo/a puede devastar a un padre/madre mayor que depende de su hijo/a adulto/a para su cuidado.

El cónyuge que cuenta con su pareja para protección física, instrucciones, comodidad y apoyo estará completamente estresado, temeroso y ansioso cuando se vea forzado a vivir solo.

Algunos padres dependen mucho de sus hijos para satisfacer sus propias necesidades. Una madre puede sentir que es importante solo porque su hijo/a la necesita. Obviamente, experimentará un momento muy difícil al tener que sobreponerse a la muerte de su hijo/a.

El apoyo social de los familiares y amigos y una transferencia de necesidades emocionales y físicas a otros que pueden brindar confianza para satisfacer esas necesidades son esenciales para que un sobreviviente dependiente mejore. Si no cuenta con estas personas, encuentre un psicólogo profesional para ayudarlo a encontrarse nuevamente y aprender una nueva forma de vida.

Suicidio

Los pensamientos suicidas no son raros entre las personas afligidas por la pérdida de un ser querido. Debido a que el impacto también propicia dolorosos síntomas físicos, un profundo enojo y una gran tristeza, muchos sobrevivientes dicen que ellos también desean morir para escapar el dolor y/o reunirse con su ser querido. Sin embargo, la mayoría de ellos pensará racionalmente sobre las consecuencias del suicidio y buscarán una manera más constructiva de sobrellevar la situación.

La desesperación de una madre la invadió de tal manera que tomó un arma hasta la tumba de su hija teniendo planificado suicidarse. Mientras sacaba la nieve caída en la lápida, tomó conciencia claramente que si ella se mataba, no vería a su hija en la eternidad.

Si su desesperanza va más allá del deseo de simplemente no despertar en la mañana y se preocupa por la idea de suicidarse, debe buscar ayuda profesional. Si ya no puede pensar racionalmente, o si ideó un plan para matarse, debe contárselo a alguien. Un psicólogo puede ayudarlo a encontrar otras cosas para aliviar el dolor.

Si usted considera el suicidio como una opción seria, es posible que su mente se haya concentrado en la persona que probablemente encuentre su cuerpo. Puede enojarse con esa persona y hasta considerar el suicidio para lastimarlo/a. Un psicólogo puede ayudarlo a descubrir otras maneras de manejar un problema.

Si ya ha decidido suicidarse, debe ser muy fuerte y valiente para cambiar de opinión. Por el bien de las personas que lo aman, debe dejar de hacer lo que hace hasta haber visitado un psicólogo que lo ayude a considerar otras alternativas. Puede sentir que ya no hay esperanza de sentirse mejor. Aunque no pueda imaginarlo ahora, usted SÍ SE SENTIRÁ MEJOR. El dolor que siente ahora es temporal. El suicidio es permanente.

Cómo encontrar un buen psicólogo

Es triste pero real que no todos los psicólogos o psicoterapeutas son expertos en terapia de duelo traumático. Por lo tanto, deberá buscar el psicólogo correcto.

Las referencias de boca en boca son las mejores. Llame a los grupos de apoyo de homicidios o suicidios de su comunidad y pregunte a otros sobrevivientes los nombres de terapeutas que los han ayudado. Muchos grupos de apoyo y asistencia sin fines de lucro como Compassionate Friends (Amigos Compasivos), Parents of Murdered Children (Padres de niños asesinados), Mothers Against Drunk Driving (Madres contra la conducción en estado de ebriedad, MADD) porque ellos conocen psicólogos con experiencia en duelo traumático. Su Asociación de Salud Mental local debe poder recomendarle un psicólogo adecuado.

Después de obtener los nombres de los psicólogos, llame a varios de ellos y haga estas preguntas:

1. ¿Alguna vez ha trabajado con clientes cuyos seres queridos han muerto violentamente? ¿Cuántos?

2. ¿Qué tipo de asistencia brinda a las personas que están profundamente afligidas?

3. ¿Bajo qué circunstancias recomienda medicamentos recetados?

4. ¿Cuántas sesiones tiene con un cliente que tiene problemas para sobrellevar el duelo?

5. ¿Qué licencias o certificaciones posee?

6. ¿Cuánta capacitación continua ha realizado durante los últimos años? ¿Ha tenido algún tipo de capacitación en terapia de duelo traumático?

7. ¿Brinda únicamente terapia individual o también trabaja con un grupo de apoyo a las víctimas?

8. ¿Cuánto cobra? ¿Acepta seguro? ¿Ofrece una escala de descuentos?

La regla más importante para encontrar al psicólogo profesional correcto es confiar en sus "instintos" naturales. Si después de dos o tres sesiones no se siente contenido, entendido ni cómodo, tiene derecho a buscar otro profesional. No mejorará con terapia a menos que se sienta conectado emocionalmente con el terapeuta de tal manera que lo haga sentirse seguro para compartir sus pensamientos y sentimientos honestamente. Tenga estas preguntas en mente durante la terapia:

- ¿Creo que mi terapeuta es competente para trabajar con víctimas que están atravesando el duelo por una muerte violenta y súbita?

- ¿Considero que mi terapeuta se preocupa por mí y reconoce mis necesidades?

- ¿Siento que estoy avanzando considerablemente?

La terapia puede ser una experiencia dolorosa. Un buen psicólogo lo apoyará para poder trabajar ese dolor. Deseará ansiosamente asistir a las sesiones porque confía en que su psicólogo lo tratará con dignidad y compasión. Si esto no sucede, busque otro profesional.

Lo que deseo recordar de este capítulo

Capítulo doce

EL SISTEMA DE JUSTICIA PENAL

Es probable que piense que su única tarea es comprender emocionalmente todo lo que ha ocurrido. Lamentablemente, no es así.

Después de un suicidio, una vez que el médico forense o perito determina que se trató de un suicidio, la agencia del orden público que investiga inicialmente el caso suele cerrarlo. Sin embargo, después de la mayoría de los asesinatos y otro tipo de matanzas, se busca al criminal y a veces es detenido. Con detención o no, esta situación agrega otro componente complejo al duelo de los familiares y amigos sobrevivientes.

Algunos criminales jamás son encontrados. En tales casos, se frustra la necesidad de justicia y esta falta suele agravar el duelo. Es difícil enfocar la ira cuando no se ha establecido un responsable. Pueden surgir sentimientos de impotencia y desesperanza. La ira puede dirigirse fácil, aunque no siempre de la forma adecuada, hacia las agencias del orden público porque no pueden dar con el criminal.

Cuando el criminal también muere, los sobrevivientes dicen tener reacciones mixtas. Algunos tienen una sensación de alivio, a pesar de que el alivio no disuade el dolor por el ser querido. Otros lamentan profundamente que el criminal no haya podido ser castigado por el sistema de justicia penal.

Si el delincuente no muriese y no fuese detenido, probablemente usted ingresaría a la fuerza al sistema de justicia penal. Es ilegal matar a alguien intencionalmente, con malicia o con culpa penal. Por lo tanto, el Estado tiene la responsabilidad de iniciar acciones contra el criminal por haber perpetrado el crimen y de buscar una condena.

En su calidad de familiar sobreviviente, probablemente tenga interés en que se haga justicia y en ver que se castigue al delincuente, a pesar de que ninguna sentencia parece ser justa o suficiente para reparar lo que se hizo a su ser querido.

La palabra "Estado" es significativa. Su familia no es una de las partes del juicio penal. El documento legal dice "El Estado contra (nombre del delincuente)". No dice "(nombre de la víctima) contra (nombre del delincuente)". A menos que usted haya estado presente cuando su ser querido fue asesinado y, por lo tanto, es un testigo ocular del crimen, usted no estará involucrado automáticamente en el caso.

La mayoría de los familiares de las víctimas consideran extremadamente frustrante el aislamiento que se percibe en el personal del sistema de justicia penal. Puede que usted piense: "No es mi Estado quien fue asesinado. ¡Fue mi ser querido!"

Si bien esto es cierto, es función del Estado castigar al delincuente porque obró fuera de la ley. Usted aprenderá más cosas sobre cómo iniciar una demanda personal contra el delincuente, una demanda civil, en el próximo capítulo.

> "Puedo aceptar una inmensa ignorancia y una inmensa falta de conocimiento, pero no toleraré que me digan que no soy la verdadera víctima cuando perdí algo que para mí es más valioso que mi propia vida. Si usted cree que no está tratando con las verdaderas víctimas cuando trata con sobrevivientes de un homicidio, sólo tiene que llamarme".
>
> *– Dorothea Morefield, cuyo hijo fue asesinado*

Durante las últimas dos décadas, el sistema de justicia penal ha dado más participación a las familias de las víctimas en casos de homicidio y asesinato. Un caso de la Suprema Corte de los Estados Unidos ha confirmado el derecho de las víctimas de dar testimonio sobre el impacto del crimen en su vida. Esto ocurre generalmente durante el tramo del juicio correspondiente a la determinación de la sentencia, incluso en casos de pena de muerte. Los familiares de las víctimas de crímenes tienen ahora derechos amparados por la ley en todos los 50 estados y derechos constitucionales en casi la mitad de los estados, para estar presentes y ser escuchados en los procedimientos penales, a pesar de que una víctima que no sea testigo todavía no es considerada como una de las partes del juicio penal. El papel de la víctima tiene que ver con el proceso de determinación de la sentencia, no con la etapa de investigación de los hechos.

Si bien las leyes escritas y las enmiendas constitucionales varían de un estado a otro, generalmente incluyen lo siguiente:

- El derecho a protección ante intimidación por parte del criminal

- El derecho de ser notificado sobre todas las audiencias del proceso de justicia penal (a pesar de que debe decirle explícitamente al abogado de la víctima o al fiscal que desea recibir dicha información)

- El derecho a la información sobre la Indemnización para Víctimas de Crímenes y otros servicios para víctimas

- El derecho de darle al fiscal su opinión sobre los acuerdos propuestos entre el procesado y los fiscales

- El derecho de estar presente y ser escuchado durante el juicio

- El derecho de presentar por escrito una Declaración del impacto sufrido por las víctimas (y en muchos estados en forma oral) antes de que se dicte la sentencia contra el criminal

- El derecho a una orden de indemnización para solventar las pérdidas que haya sufrido usted en relación con el crimen

- El derecho a que se le notifiquen las audiencias por libertad bajo palabra y libertad condicional

- El derecho a que se le notifique la liberación o fuga del criminal de una prisión local.

Aunque estas leyes tienen validez, no todos los fiscales o representantes del Estado conceden estos derechos a los familiares de las víctimas. Es probable que deba ser firme y enérgico para reclamar su cumplimiento.

> "Cuando mi hijo fue secuestrado, fue golpeado brutalmente hasta causarle la muerte y fue asaltado dos veces, ni la agencia del orden público ni el sistema de justicia reconocieron la existencia de sobrevivientes de las víctimas del homicidio y menos aún sus derechos. A pesar de que un trato tan descuidado no se manifiesta tanto hoy en día como en ese momento, todavía queda alguna

resistencia difícil de derribar en cuanto a la concesión de derechos a los sobrevivientes, incluso en aquellos estados donde están previstos por las leyes. Hay poco o nada de recursos para vencer dicha resistencia y ninguna reprimenda efectiva para quienes se 'olvidan' de conceder dichos derechos".

– *Janet Barton*

¿Qué puede hacer?
El informe del crimen

La agencia del orden público que investigó el asesinato de su ser querido prepara el informe del crimen. Si el crimen ocurriese dentro de la ciudad, suele ser el Departamento de Policía de la Ciudad. Por lo general, el Departamento del Alguacil del Condado investiga los crímenes cometidos fuera de los límites de la ciudad. La Patrulla de Carreteras del Estado investiga los choques en las carreteras fuera de los límites de la ciudad.

Comuníquese con la agencia correspondiente y pregúnteles cómo y cuándo puede recibir una copia del informe del crimen. Se presentan informes complementarios a medida que avanza la investigación. Pregunte si pueden darle copias de los informes complementarios, y cómo y cuándo pueden hacerlo. No espere recibir todo. Gran parte de la información recopilada durante la investigación es confidencial hasta que finaliza el juicio.

El funcionario investigador debe darle un número de identificación del informe, que se llama generalmente informe sobre el delito. Asimismo, podrá solicitar el número de insignia del funcionario investigador. Si no consigue el número del crimen o si lo pierde, puede obtener el informe dando la fecha y escena del crimen. Conocer el nombre del criminal es de utilidad, pero no es esencial. Revise detenidamente el informe para encontrar los siguientes datos:

- ¿Ve errores en el informe? Si los ve, infórmeselos inmediatamente al funcionario investigador cuyo nombre está al pie del informe. Aunque el error parezca mínimo, puede ser crucial para el proceso judicial.

- ¿Hay indicaciones en el informe de que el criminal había estado bebiendo o usando alguna droga cuando mató a su ser querido? Si es así, busque si se indica algún nivel de Contenido de Alcohol en Sangre (BAC, por sus siglas en inglés) en el informe del crimen. Las pruebas de aliento, sangre u orina que se hacen inmediatamente después del crimen suelen determinar el BAC. Los resultados de la prueba de aliento estarán listos antes que los resultados de las pruebas de sangre u orina. Si no se realizaron pruebas, tiene derecho a saber por qué no. Estas pruebas son de rutina y, como tales, se hacen después de choques vehiculares en los que alguna de las personas haya tomado alcohol u otras drogas (o si hay sospechas al respecto). Una prueba de BAC válida puede dar lugar a castigos y sentencias más severos para conductores ebrios.

Los niveles de alcohol y drogas en la sangre no son pruebas de rutina en otros casos de homicidio, debido al lapso de tiempo que transcurre habitualmente entre el crimen y la detención del delincuente. En algunos estados, el consumo de alcohol u otras drogas antes o durante el crimen se considera una circunstancia atenuante que puede provocar una sentencia más flexible, si no se trata de un delito por choque vehicular.

La agencia de investigación (policía, alguacil, policía montada del estado)

- Pregúntele al investigador qué cargos se recomiendan, por qué se eligieron dichos cargos y qué elementos probatorios serán necesarios para lograr una condena.

- Pregunte en qué momento se prevé que la agencia de investigación transfiera el caso a la oficina del fiscal (a veces denominado fiscal del condado, fiscal de distrito o fiscal del estado). Deje su nombre y número de teléfono y pida que le notifiquen cuándo se transfiera el caso. Si nadie le responde al cabo de unos días, después de la fecha esperada para la transferencia del caso, llame para averiguar el estado del caso.

- Pregunte si la agencia de investigación tiene un programa de asistencia para víctimas. Es función del proveedor de asistencia para víctimas mantenerlo informado sobre el estado del caso y brindarle los servicios que necesite como víctima de un crimen. Los servicios incluyen derivaciones a agencias correspondientes, asesoramiento para las víctimas y asistencia para solicitarle al Programa de Indemnizaciones para Víctimas del Estado un reembolso por los gastos no asegurados que resulten del crimen.

- Si no está conforme con la información ofrecida por el funcionario investigador o proveedor de asistencia para víctimas, pida hablar con el supervisor del funcionario investigador.

Pruebas

Puede suponer que los funcionarios investigadores han recogido todas las pruebas que necesitan. Sin embargo, es recomendable que usted documente todo lo relacionado con el crimen al momento en que recibe cada elemento. Podrá pensar que será fácil recordar todos los datos, pero la documentación garantizará un buen compilado de todos los detalles.

- Puede que aparezcan testigos adicionales que no fueron entrevistados por el funcionario investigador. Si así fuera, derívelos al funcionario investigador o fiscal, quien les tomará declaración.

- Probablemente, los investigadores tomen fotos en la escena del crimen y en la oficina del médico forense. No obstante, es posible que se requieran otras fotos en el caso penal y civil. Se puede presentar al tribunal una foto reciente de su ser querido antes de que haya sido asesinado, antes de la determinación de la sentencia. Así, personalizará a su ser querido ante los ojos del tribunal. Si usted toma fotos después del crimen que piense que podrían ser de utilidad, pida un testigo para sus acciones. Firme y feche las fotos al dorso y pídale al testigo que haga lo mismo. Ofrezca las fotografías al funcionario investigador o fiscal.

- Pida que le devuelvan la ropa o artículos personales que pertenecían a su ser querido. Quizás, dichos artículos estén en la oficina del investigador, hospital o médico forense. Es posible que se deban conservar algunos de estos artículos para el juicio, pero usted debe haber recibido todos aquellos que no son relevantes para el caso. Pregunte sobre el estado de dichas cosas antes de abrir el recipiente para ver su interior. Su condición puede diferir del esperado por usted.

- Lleve un registro o historial de comprobantes y facturas de sus gastos financieros que estuvieran relacionados con el asesinato de su ser querido. En ellos se pueden incluir gastos médicos y fúnebres, lucro cesante, honorarios para contratar a un investigador privado y costos por asesoramiento profesional para familiares. Esta información será crucial si se comprueba que el criminal es culpable y el juez le ordena pagar una indemnización a su familia. También es necesaria para solicitar una Indemnización Estatal para Víctimas de Crímenes, beneficios de seguro y juicios civiles.

El fiscal

Después de que el funcionario investigador haya transferido el caso al fiscal del condado, fiscal de distrito o fiscal del estado, determine qué fiscal se asignará a su caso. Si conoce el nombre del procesado, comuníquese con la fiscalía y déles el nombre para que puedan localizar información sobre el caso. Dígale al proveedor de asistencia para víctimas o secretario de la fiscalía que desea estar al tanto de qué ocurre durante todas las etapas del proceso penal. En la mayoría de los estados, no le darán esa información a menos que la pida específicamente. Por lo tanto, notifíquele al fiscal y/o al proveedor de asistencia para víctimas en persona o por teléfono que desea estar al tanto. Se le proporcionará un formulario por escrito para que lo firme. Lleve un registro de todas sus llamadas.

Después de haber pedido la notificación por teléfono o en persona, haga un seguimiento por carta tanto al fiscal como al proveedor de asistencia para víctimas, donde indique el nombre del acusado, su nombre, domicilio y teléfono, su deseo de estar informado, los hechos del caso tal como los entiende usted y cualquier sensación que tenga sobre la fianza para el acusado, acuerdos entre fiscales y acusado, o cualquier otro aspecto del caso. Pida que le informen si el fiscal cambia las acusaciones a partir de su recomendación propuesta.

Cargos

Después de revisar las pruebas del caso, el fiscal puede:

- Presentar los cargos penales recomendados por la agencia investigadora;

- Presentar cargos diferentes, menores o adicionales; o

- Decidir no presentar cargos por falta de pruebas.

En la mayoría de los estados, hay dos procedimientos, de los cuales se seguirá uno, para determinar si existe una causa probable o pruebas suficientes para pasar a juicio:

- Se puede hacer una audiencia preliminar en la que el fiscal y posiblemente algunos testigos comparezcan ante el juez. Si el juez determina que hay pruebas suficientes, se programará la lectura de los cargos al acusado.

- Una audiencia ante un jurado de acusación es bastante parecida a una audiencia preliminar, salvo que el fiscal presenta pruebas ante un grupo de ciudadanos en vez de un juez. En la mayoría de casos el gran jurado está compuesto por ciudadanos que sirven durante varios meses en un periodo. Los procedimientos por medio de un gran jurado sean cerrados al público (inclusive a los familiares de la víctima). El acusado no está presente mientras los demás brindan testimonio. El acusado puede o no ser llamado para testificar. Si el gran jurado determina que existen pruebas suficientes, dictan un "escrito de acusación formal". Si no piensan que existan pruebas suficientes, se dice que el caso "no tiene escrito de acusación formal". Si el gran jurado lo acusa formalmente a través de dicho escrito, se programa la lectura de los cargos al acusado.

Lectura de los cargos

En la lectura de los cargos, el acusado comparece ante un juez quien le informa los cargos presentados en su contra y sus derechos constitucionales, inclusive el derecho a un abogado defensor asignado por el tribunal. El acusado se llama ahora "procesado" y podrá declararse culpable o no culpable.

El abogado defensor

Puede que el abogado del procesado o alguno de sus investigadores lo llamen por teléfono, le escriban o se presenten en la puerta de su casa. Antes de comunicarse con cualquier abogado o investigador, confirme su identidad. Pregúntele a quién representa. Un abogado defensor no es un fiscal de distrito, aunque pueda referirse a sí mismo de esa manera (DA, fiscal de distrito, por sus siglas en inglés). El abogado defensor representa los derechos del acusado y con seguridad su función no es representar los derechos de usted como víctima.

No tiene que hablar con el abogado defensor o investigador a menos que reciba una orden judicial para hacerlo. Pídale que busque la información solicitada en la fiscalía. El fiscal lo acompañará si usted recibe una orden judicial para dar una deposición (declaración) bajo juramento.

Audiencia por fianza o caución

La fianza o la caución es un monto de dinero que recibe un tribunal por parte de un procesado a cambio de su liberación y su promesa de comparecer ante el tribunal. A veces, la caución se determina durante la lectura de los cargos. Otras veces, se determina en una audiencia por separado. El procesado puede pagar la fianza a través de una compañía de garantías por, aproximadamente, el 15% del monto real de la fianza establecida. Si la víctima conoce al criminal, puede resultar muy importante que haya un representante de la familia de la víctima cuando se fije la fianza. Este representante puede informarle al tribunal los datos relevantes con respecto a la probabilidad de que el procesado se dé a la fuga. Además, un representante de la familia puede identificar algún posible peligro para la familia si se libera al procesado de la prisión local. Esta información podría exigir una fianza mayor o a una denegación de la fianza para un delincuente peligroso.

Audiencias por presentación de pruebas/Audiencia preliminar

Después de la lectura de los cargos, el fiscal y el abogado defensor reunirán pruebas para justificar sus argumentos. Si al procesado se le han imputado cargos que usted no comprende, pídale al fiscal que le explique los elementos que se deben comprobar para lograr una condena. Con suerte, el fiscal conversará con usted acerca de las posibilidades y debilidades del caso. Si usted las comprende, podrá proporcionar información adicional que sea útil para el proceso del caso. Puede que conozca testigos adicionales o que tenga alguna idea sobre pruebas beneficiosas. El fiscal debe saber que usted lo está apoyando para tratar de condenar al procesado con los cargos más severos que se puedan comprobar. Por otro lado, no debe transformarse en un investigador aficionado. Si se involucra demasiado, puede contaminar la información o las pruebas que sólo deben buscar investigadores capacitados.

Aplazamientos

Si usted ha solicitado adecuadamente el estar informado sobre los procedimientos, se le deben notificar las audiencias previas al juicio, incluso solicitudes de aplazamiento (prórrogas para audiencias). Las audiencias previas al juicio están abiertas al público (incluso a usted), aunque los abogados suelen decirle que no es necesario que esté presente. Los abogados defensores suelen solicitar numerosos "aplazamientos" o "prórrogas" para "dilatar el caso". Saben que cuanto más pospongan el juicio, más probable es que el Estado pierda a sus testigos o que falle la memoria de los testigos. Pídale al fiscal que se oponga enérgicamente a aplazamientos innecesarios siempre que haya oportunidad.

En algunos estados, el fiscal puede solicitar un juicio expedito, basándose en la sensibilidad de las víctimas. (Los procesados tienen el derecho constitucional a un juicio expedito, pero es poco frecuente que estén interesados en solicitarlo, en especial si han sido puestos en libertad bajo fianza). En algunos estados, el juez debe indicar el motivo para conceder un aplazamiento en los registros judiciales.

Los aplazamientos pueden ser solicitados por el Estado o por la defensa. A menudo, se solicitan y conceden por motivos legítimos, tales como conflictos laborales o la indisponibilidad de testigos. Pedir o conseguir aplazamientos no significa necesariamente que no se le prestará atención a su caso.

> "Hasta el momento del juicio, uno se encuentra constantemente con obstáculos. Los investigadores iniciales nos trataron mal, como si fuéramos totalmente ignorantes. Uno sabe que los policías y fiscales saben cosas que no le cuentan a uno y, cuando pasa esto, la imaginación de uno se desata. Sólo cuando todo termina,

ellos pueden ser totalmente honestos contigo. Ahora que entiendo los motivos que tenían para ocultarme información, diría que es un sistema de justicia bastante bueno. Nuestros DA obraron extraordinariamente bien porque nos dijeron todo lo que podían. Cuando no pueden decirte algo, es realmente importante que le digan a uno por qué no".

– *Linda Jones, cuya hija fue herida de bala y asesinada*

Acuerdos con fiscales/Negociación de sentencia

Estos términos se refieren a las negociaciones que se dan entre el fiscal y el abogado defensor. La negociación de estos acuerdos puede dar lugar a una petición para recibir un cargo menor o una negociación para recibir una sentencia en particular a cambio de una sentencia reducida. Las negociaciones suelen ser desagradables para la familia de la víctima que siente que "llegar a un arreglo" es traicionar el significado del asesinato de su ser querido. No siempre es así.

En algunas circunstancias, esta petición o acuerdo de sentencia resulta beneficioso. Si la investigación preliminar fuera inadecuada, es probable que se hayan imputado al delincuente cargos que el Estado ahora no puede probar. Es mejor dejar que el procesado se declare culpable para recibir un cargo menor y ser castigado, que ir a juicio y correr el riesgo de perder todo.

Muchos estados exigen que se informe a la familia de la víctima si se está evaluando algún acuerdo con el fiscal o algún acuerdo de sentencia. Algunos estados le dan a la familia de la víctima derecho a opinar en dichas negociaciones. Conozca sus derechos e impóngase para ejercerlos. Es muy importante que esté presente si se le presenta al juez una petición para llegar a un acuerdo con los fiscales. Esto le recordará al Tribunal que tanto la víctima como el procesado serán tenidos en cuenta en la decisión tomada.

Declaración del impacto sufrido por las víctimas

Todos los estados han promulgado leyes o procedimientos que les permiten a los familiares de la víctima hacer una declaración oral o escrita al Tribunal sobre el impacto que tuvo el crimen en su vida. Estas declaraciones se presentan después de que el acusado haya sido condenado y antes de que reciba una sentencia.

La mayoría de los estados exigen al Departamento de Períodos de

Probatoria para Adultos de su condado que realice una Investigación Previa a la Sentencia (PSI, por sus siglas en inglés) sobre un procesado. El objetivo de esta investigación es recopilar información antes de la sentencia. Un delincuente condenado podrá ser enviado a una prisión local durante determinada cantidad de días o ser enviado a una prisión estatal durante algunos o varios años. Si la sentencia es de libertad condicional (se cumple fuera de la cárcel local), las condiciones de dicho período de prueba para el procesado pueden variar sustancialmente. Se le podrá exigir al acusado que pague multas al Estado. Se le podrá exigir al acusado que pague una indemnización a la familia de la víctima. Se le podrá exigir que reciba asesoramiento o varias otras opciones que puedan recomendar los funcionarios a cargo de dicho período de prueba.

Hasta hace poco tiempo, las investigaciones previas a la sentencia se concentraban sólo en el procesado. El activismo de las víctimas ha logrado convencer a las legislaturas de varios estados que si no se presenta también la perspectiva de la víctima, el tribunal no puede escuchar *toda la historia*. El advenimiento de las Declaraciones de impacto sufrido por las víctimas es el resultado tangible de dichos movimientos.

Es muy importante que las Declaraciones de impacto sufrido por las víctimas se preparen y presenten al fiscal y al departamento de probatoria antes de una audiencia para negociar un acuerdo con el fiscal o un acuerdo de sentencia. Si el juez decide aceptar una declaración de culpabilidad, puede pasar inmediatamente a dictar sentencia. Por lo tanto, es fundamental que el juez tenga un acceso inmediato a las Declaraciones de impacto sufrido por las víctimas.

La mayoría de los estados tienen un formulario de Declaración de impacto sufrido por las víctimas que se le puede pedir al fiscal, al departamento de probatoria o al proveedor de asistencia para víctimas. Si no, simplemente escriba una descripción en una carta sobre el impacto emocional y/o físico que el asesinato de su ser querido tuvo en su familia. Incluya cualquier impacto financiero que este acto atroz le haya provocado. Incluya gastos médicos y fúnebres, lucro cesante y cualquier gasto médico o psicológico en el que haya incurrido como consecuencia del crimen. La documentación de estos gastos puede permitir que se le ordene al procesado reembolsarle dichos gastos a usted. Si las leyes de su estado lo permiten, podrá incluir también su opinión sobre la sentencia del procesado en su Declaración de impacto sufrido por las víctimas.

"Las Declaraciones de impacto sufrido por las víctimas son una oportunidad maravillosa. Es la única vez que puedes hablar cara a cara con el delincuente que, en ese momento, ya es un criminal condenado. Cada uno de nosotros pensó detenidamente qué quería decir de modo que pudiéramos mantener la calma y recordarle a él lo que recordaría todas las noches antes de irse a dormir".

— *Linda Jones, cuya hija fue herida de bala y asesinada*

Durante la preparación de las declaraciones, asegúrese de que la información sea precisa. Escriba desde el corazón sobre el dolor, pero trate de no hacer comentarios feroces o despectivos acerca del criminal. El juez o el jurado son los que deben emitir un juicio sobre el procesado.

La asociación Madres contra Conductores Ebrios (Mothers Against Drunk Driving, MADD, por sus siglas en inglés) tiene un manual para ayudarle a preparar su Declaración de impacto sufrido por las víctimas. Es útil para cualquier tipo de delito y se puede conseguir gratis en su sucursal local de MADD o por teléfono al I-800-GET MADD y hablar con un proveedor de asistencia para víctimas.

Ir a juicio

Si el procesado sigue declarándose inocente, el caso pasará a juicio. El procesado tiene el derecho constitucional de elegir si el caso será decidido por un juez (juicio sin jurado) o un jurado. En la mayoría de las jurisdicciones, el Estado debe aceptar la forma solicitada por el procesado. Después de que un caso pasa a juicio, prepárese para ver varias prórrogas (aplazamientos).

Si el procesado elige un juicio por jurado, la selección del jurado puede demorar días o semanas antes de que comience el juicio en sí. La mayoría de las familias elige asistir al juicio, aunque sepan que será una experiencia desgastante emocionalmente. Dado que los juicios pueden tardar varias semanas, les puede resultar difícil a las familias de las víctimas pedir licencia en el trabajo para asistir. Varios estados ya se han dado cuenta de que las víctimas deberían tener derecho a asistir a los juicios relacionados con sus seres queridos sin ninguna sanción, de la misma manera que los empleados que deben prestar servicio como jurado. Pregunte sobre dichas leyes a su proveedor de asistencia para víctimas o fiscal. Si no existe ninguna ley en su estado, explíquele a su empleador por qué es importante para usted estar en el juicio.

Es probable que se sorprenda al enterarse de que, tal vez, el abogado defensor esté tratando de impedir que usted presencie el juicio. Uno de los objetivos del abogado defensor es minimizar la simpatía hacia la víctima durante el juicio. La defensa querrá que la simpatía se concentre en su cliente, el procesado.

Una táctica frecuente de la defensa es enviarle una orden judicial para presentación de pruebas a usted como posible testigo y, luego, pedirle al juez que invoque la "prohibición de divulgación pública del juicio", una regla que establece que los testigos no pueden escucharse mutuamente durante la prestación del testimonio. A pesar de que, tal vez, no lo citen a declarar como testigo, usted, en consecuencia, no podrá entrar a la sala del tribunal, ni ser visto por el juez o el jurado. Si no presenció el crimen y, por lo tanto, no brindaría testimonio hasta la sentencia, pídale al fiscal que le permita estar en la sala del tribunal.

"Stephanie no me decepcionó nunca. Tenía que estar segura de que el tribunal no iba a decepcionarla a ella".

– *Roberta Roper, cuya hija, una estudiante universitaria del último año de carrera, fue asesinada*

"Tenía que ir. Era mi responsabilidad por Andy y Pam. Sería una prueba de que han estado vivos y que han sido queridos".

– *Louise Gilbert, cuyo hijo y nuera fueron asesinados*

"No quiero estar en el juicio, pero no puedo no estar allí. No quiero venganza, sino justicia. Y creo que él debe recibir la pena máxima si lo declaran culpable".

– *Tinka Bloedow, cuya hija de 14 años fue asesinada por un conductor ebrio*

"Queríamos estar presentes porque no había nadie allí para defender a nuestra hija. La única imagen que el jurado vio de Catina fue la foto de la morgue. No tenían idea de qué tipo de niña era. Por eso es tan importante que las familias estén presentes, porque la víctima no está presente para poder responder".

– *Michael Salamo, cuya hija de 18 años, Catina, fue asesinada*

Muchos estados ahora permiten a las víctimas (o a los representantes y familiares de las víctimas) presenciar el juicio si no van a brindar testimonio. Si se los cita para declarar como testigos, se les permite permanecer en la sala del tribunal después del testimonio. Un estado, Alabama, incluso permite que la víctima se siente con el fiscal en la mesa del abogado patrocinante, al igual que el procesado se sienta al lado del abogado defensor.

Algunos fiscales temen que la familia de la víctima se altere emocionalmente durante el juicio y predisponga indebidamente al jurado y que, así, dé motivos para viciar el juicio. Si desea estar en la sala del tribunal, demuéstrele al fiscal que usted tendrá una conducta adecuada en la sala.

Conozca estas pautas generales sobre las salas de tribunales porque violarlas podría dar lugar a un juicio nulo:

- No hable sobre el caso en los pasillos o en el baño. Su comportamiento fuera de la sala es tan importante como su comportamiento en ella.

- Jamás hable con jueces o miembros del jurado, aunque se los encuentre en el pasillo, en el baño o durante el almuerzo. Deben estar libres de prejuicios cuando escuchan las pruebas".

- Prepárese para el impacto emocional que produce oír al procesado decir "no soy culpable". A pesar de que usted sepa que no estaría en un juicio si el acusado no se declarara "no culpable", muchas víctimas manifiestan sentir una reacción emocional desagradable cuando oyen realmente esas palabras. En muchos casos, éstas son las primeras palabras que los familiares oyen decir al procesado.

- Prepárese para oír un testimonio terrible. Podría escuchar detalles sobre la muerte por primera vez. Podría ver fotos que jamás había visto. Podría oír, también, al abogado defensor intentar demostrar que su ser querido fue responsable de su propia muerte. Tiene la responsabilidad ética de hacer todo lo que pueda para representar los intereses legales de su cliente. Por lo tanto, gran parte de lo que es importante para usted puede parecer un juego donde los jugadores tratan de mostrarse más hábiles que el otro dentro de los sucesos dramáticos de la sala de un tribunal. Depende del juez o del jurado determinar la verdad.

- Si siente que puede perder el control de sus emociones durante el juicio, salga de la sala. Su conducta en la sala no debe tener como intención influenciar al juez o al jurado.

- Si tiene preguntas o inquietudes durante el juicio, escríbalas y déselas al fiscal o proveedor de asistencia para víctimas durante un receso. No murmure durante el juicio.

- Los proveedores de asistencia para víctimas de la fiscalía o de grupo como Madres contra Conductores Ebrios, Padres de Hijos Asesinados (Parents of Murdered Children) o Amigos Compasivos (Compassionate Friends) suelen estar a su disposición para ayudarlo en los procedimientos judiciales y responder preguntas durante los recesos correspondientes.

"La sala del tribunal es un campo de batalla donde hay un combate entre abogados y un juez con un calmo acusado vestido con su mejor atuendo".

– Louise Gilbert, cuyo hijo y nuera fueron asesinados

"Fue una pesadilla, una absoluta pesadilla. Cuando te das cuenta de la muerte, entras en una conmoción. En el juicio, esa realidad se asienta. Pero, aún así, tengo la absoluta certeza de que la familia debe estar presente".

– Harriet Salamo, cuya hija de 18 años fue asesinada

"Finalmente, después de varios aplazamientos, nos sentamos en una pequeña sala de tribunal. Conocí al fiscal y, un poco después, estuve cara a cara con el hombre acusado de matar a mis hijos. Durante el juicio, conocí el significado del horror y ya no olvidaría jamás sus últimas horas. Se describieron en detalle la cabeza fracturada y el cuerpo casi desnudo de Pam, así como también los gusanos y moscas que la cubrían. Huí de la sala del tribunal cuando el patólogo comenzó a describir el cuerpo hinchado de mi hijo".

– Louise Gilbert, cuyo hijo y nuera fueron asesinados

Procedimientos en la sala del tribunal

Los procedimientos estándar dentro de la sala del tribunal durante un juicio penal son los siguientes:

- Ambos abogados hacen sus declaraciones iniciales.

- El Estado llama a los testigos al banquillo de testigos en un intento por demostrar que el procesado es culpable de los cargos. El interrogatorio del fiscal de cada testigo del Estado se llama "interrogatorio directo" (el testigo es interrogado por la parte que lo convocó). Después, el abogado defensor hace un "contrainterrogatorio" al testigo. Las reglas procesales para el contrainterrogatorio son más liberales que las reglas para el interrogatorio directo. Por ejemplo, en un contrainterrogatorio, se pueden hacer preguntas sugestivas que digan algo así como "¿No es cierto que...?" Después del contrainterrogatorio, el testigo se somete a un "segundo interrogatorio directo" por parte del fiscal y uno "segundo contrainterrogatorio" por parte del abogado defensor. Luego, se libera al testigo, a menos que el abogado tenga planeado volver a convocar al testigo para brindar testimonio posteriormente. Una vez liberados, los testigos suelen poder permanecer en la sala del tribunal. Sin embargo, es prudente sentarse cerca de la parte trasera de la sala, fuera de la vista directa del juez o el jurado.

- Después de que el Estado haya presentado a todos sus testigos, la defensa presentará a sus testigos, pasando por el mismo proceso de interrogatorios y contrainterrogatorios.

- Después de que se hayan presentado todas las pruebas, cada parte puede presentar testigos para refutar el testimonio dado anteriormente. Los testigos de refutación pueden ser testigos que hayan prestado testimonio anteriormente, pero que no han sido liberados o pueden ser nuevos testigos.

- Cada parte presenta sus alegatos de cierre. El Estado tiene la carga de la prueba en el caso y, por lo tanto, tiene derecho a alegar tanto antes como después de la defensa. En general, el fiscal resume las pruebas antes de que la defensa presente su alegato. Luego, el fiscal refutará los argumentos de la defensa.

- El juez le da instrucciones al jurado para hacer sus deliberaciones o, si es un juicio sin jurado, se retira a deliberar.

El veredicto

Escuchar el anuncio del veredicto es el punto culminante del juicio y suele ser un momento con una gran carga emocional para los familiares de la víctima. Debe saber que, lamentablemente, el veredicto legal y la verdad no son siempre lo mismo. Si bien un procesado no puede, en verdad, ser inocente, puede que se compruebe que "no es culpable". Los jueces y los jurados son la mejor forma que tiene nuestra sociedad para determinar una justicia legal. Los jueces y jurados también son susceptibles de errores humanos. Todo esto se debe ver en perspectiva.

El estándar de prueba de los casos penales es "más allá de toda duda razonable", la carga de prueba más alta exigida por cualquier procedimiento judicial. No hay una definición legal para este término. Sin embargo, si existe alguna duda razonable en cuanto a algún elemento del crimen en sí y las acusaciones relacionadas, el veredicto del juez o jurado debe ser "no culpable" por dicho delito. Las pruebas deben establecer los hechos con tal claridad y seguridad y de forma tan explícita que no haya ninguna duda razonable sobre la comprobación del caso.

Juicio o audiencia de sentencia

Si el procesado es condenado, el próximo paso será determinar una sentencia. La determinación de una sentencia puede darse inmediatamente después de la condena o se puede programar para más adelante. A pesar de que usted no presenciara el crimen, puede que se le permita declarar como testigo durante la audiencia de sentencia. Los escritos con las Declaraciones del impacto sufrido por las víctimas se entregan al fiscal y los departamentos de probatoria antes de la sentencia. Un representante de dichos departamentos le entrega las declaraciones al juez para que las tenga en cuenta en la determinación de la sentencia. Si en su jurisdicción se permiten declaraciones de impacto dadas en forma oral, puede que lo citen al banquillo de los testigos para brindar testimonio sobre el impacto que tuviera el crimen en su vida.

"El fiscal me puso en el banquillo de los testigos. Quería que el jurado escuchara de primera mano todo el efecto devastador que tuvo el asesinado de Stephanie en nuestra familia. La defensa se opuso. Después de una breve discusión, el juez convino con la defensa en que, legalmente, el carácter de Stephanie y nuestro dolor eran irrelevantes.

Me habían silenciado. Es más, también hablarían el ex maestro del procesado y el clérigo de la prisión: a favor del procesado. El tribunal consideró que sus declaraciones eran pertinentes. Exploté de ira".

– Roberta Roper, cuya hija fue asesinada y quien posteriormente presentó propuestas de legislación, que ahora son ley en Maryland, que establecen que se deben oír las Declaraciones del impacto sufrido por las víctimas. El derecho ha sido confirmado en la actualidad por la Suprema Corte de los Estados Unidos.

Las pruebas y los procedimientos difieren durante la determinación de la sentencia, lo cual se llama, a veces, la fase de pronunciamiento del juicio. Se convocará a los testigos del procesado para proporcionar testimonio subjetivo sobre el procesado y por qué sienten que debería recibir una sentencia en particular.

Dado que el objetivo de su Declaración del impacto sufrido por las víctimas es transmitir el efecto que el asesinato de su ser querido haya tenido en usted, no está prohibido durante esta fase dar un testimonio cargado de emoción. Sin embargo, sepa que los jueces y jurados pueden distinguir la diferencia entre una emoción genuina y una emoción artificial.

No debe tener miedo de dar testimonio si lo analiza francamente con el fiscal y reflexiona sobre cómo quiere presentarlo. Aquí se proveen algunas sugerencias que deberían ayudarlo a dar testimonio con una relativa facilidad y máxima credibilidad:

- Vístase de forma conservadora. Póngase un traje si usted es un hombre o un vestido o un traje formal si es mujer. Su ropa, alhajas y peinado no deben ser ostentosos ni deben, de ninguna manera, distraer al interlocutor mientras usted habla.

- Lleve consigo apuntes o una declaración escrita al banquillo de los testigos si cree que podría necesitarlos. Sin embargo, sepa que el juez, los abogados y el jurado deben tener permiso de examinar dichos papeles. No incluya nada en sus apuntes que podría incomodarlo.

- Si el abogado defensor le pregunta si ha analizado su testimonio con su abogado, es adecuado responder que sí. Su abogado pudo haberle ayudado a organizar la declaración, pero usted preparó la declaración por sí mismo y está dando testimonio sobre el verdadero impacto que tuvo el asesinato en usted y en su familia.

- Si no entiende una pregunta formulada por alguno de los abogados, simplemente dígalo y pida que se la repitan. Si no sabe la respuesta, admítalo. Si siente que un abogado está tratando de manipularlo para que usted dé determinada respuesta que no es cierta, diríjase al juez y dígale que necesitará explicar su respuesta.

- Sea descriptivo mientras habla del impacto del asesinato. Describa los eventos en particular que fueron/son dolorosos para usted. Su objetivo es permitir que el juez o jurado se acerquen lo más posible a comprender cómo se sintió cuando sucedió el hecho y cómo se siente ahora.

- No use jergas ni palabras sentenciosas si dice algo sobre el delincuente. Palabras tales como "ebrio", "alcohólico" y "loco" son palabras sentenciosas que no debe usar. Hable sobre el dolor y evite comentarios feroces o despectivos sobre el procesado.

- Evite frases innecesarias o clichés tales como "Honestamente, creo que..." o "Puedo decir, sinceramente, que..." No son tan poderosas como las oraciones cortas y simples.

- Mire a los ojos al abogado que le está haciendo la pregunta. No mire a su propio abogado para pedirle ayuda cuando el abogado defensor le está haciendo un interrogatorio. Mire al juez o jurado sólo si el abogado le pide que les explique algo.

- Si usted solicita que el procesado pague una indemnización a su familia, esté preparado a presentar facturas y declaraciones reales de los montos pagados o adeudados.

- Siempre sea honesto. Tómese su tiempo. Las pausas antes de las respuestas indican que está tomándose la pregunta en serio y está pensando antes de hablar. Si se toma la tarea de brindar testimonio con integridad, su testimonio será respetado.

Apelaciones

Después de una condena y determinación de sentencia, el procesado tiene derecho a apelar las decisiones del caso ante un tribunal superior y pedir que se revisen los errores en el procedimiento o la aplicación de la ley en el tribunal de primera instancia. Prepárese para esta fase, en especial si la sentencia es la pena máxima. Después de presentar la apelación, muchos delincuentes condenados son puestos en libertad bajo fianza de apelación hasta que se resuelva la apelación, que puede producirse después de muchos años. Bajo el concepto de "inocente hasta que se compruebe su culpa", la decisión de un tribunal de primera instancia no es definitiva hasta que se resuelva la apelación. Si bien esto casi parece injusto desde el punto de vista de la víctima, es una garantía procesal que ha resultado útil, en especial cuando el procesado condenado es inocente.

Libertad condicional

Las sentencias dictadas son pocas veces sentencias cumplidas. La reducción de la pena por "buen comportamiento" que se concede por los días de encarcelamiento debido al buen comportamiento del acusado es algo frecuente. El criminal condenado puede, en realidad, recibir un crédito de dos o tres días por cada día cumplido y, de hecho, cumplir sólo una parte de la sentencia dictada en sí. El sistema de prisión se beneficia de diferentes maneras por ofrecer la reducción de pena por buen comportamiento. Motiva a los prisioneros a actuar correctamente y a seguir las reglas mientras están en prisión y los ayuda a salir antes del sistema, lo cual alivia el hacinamiento de las cárceles.

> "El juez Haile le dio a Jones prisión perpetua por asesinato, prisión perpetua por violación y veinte años por secuestro. Pero, ante el asombro de la defensa

inclusive, anunció que las sentencias se podrían cumplir simultáneamente. Esto significaba que Jones podría gozar de libertad condicional en menos de doce años con una reducción de pena por todos los días en que estuvo encarcelado y por buen comportamiento".

– Roberta Roper, cuya hija fue asesinada

"El muchacho que mató a nuestra hija era menor de edad (17 años). Fue declarado culpable con negligencia grave, lo cual incluyó una muerte, conducir ebrio y darse a la fuga después del accidente. Fue sentenciado a 90 días de participación en un programa de tratamiento de adicciones químicas y modificación de la conducta, se le suspendió su licencia de conducir durante 6 meses y se le dio libertad condicional hasta que cumpliera 19 años.

Luego, me enteré de que se le acusó nuevamente por conducir ebrio cuando ya tenía 21 años. No se había informado la condena anterior al Departamento de Seguridad Pública y se consideró la nueva acusación como si fuera su primer delito menor. Cuando logré finalmente que lo investigaran, me enteré que durante los primeros 6 meses en que se le restituyó la licencia de conducir, había tenido dos infracciones por límites de velocidad y otra por conducir con una botella abierta. Logramos que se le suspendiera nuevamente la licencia, pero cuando finalizó la suspensión, se lo citó por un giro ilegal y uso de un vehículo motorizado durante la perpetración de un delito mayor. Después de otra revocación más de su licencia, se le citó por haberse negado a realizarse la prueba de alcohol por aliento después de una detención por conducir ebrio. Estoy enfurecida, absolutamente enfurecida. Pensé que el sistema funcionaba bien, pero no estoy tan segura ahora".

– Tinka Bloedow, cuya hija fue asesinada por un conductor ebrio

Ni bien el delincuente condenado es enviado a una prisión local, comuníquese con el proveedor de asistencia para víctimas de la oficina del alguacil (o la entidad responsable de la prisión del condado) o el proveedor de asistencia para víctimas de la prisión para obtener su número de identificación. Incluya este número de identificación personal (PIN, por sus siglas en inglés) y su nombre completo entre toda la correspondencia que haya intercambiado con las juntas de libertad condicional. Siempre incluya su propio nombre y domicilio para recibir una respuesta.

Envíe una copia de su Declaración de impacto sufrido por las víctimas a la Junta de Libertad Condicional. Escriba a los miembros de la junta de libertad condicional responsables de la instalación en particular en la que deba estar el prisionero, así como también a la Junta de Libertad Condicional del Estado. Informe ocasionalmente a la Junta de Libertad Condicional por escrito acerca del impacto de la muerte de su ser querido. En especial, envíe nuevas cartas cuando sea hora de analizar la libertad condicional del condenado. Las peticiones enviadas para solicitar la continuación de la reclusión pueden ser muy importantes al momento de la revisión porque representan los puntos de vista de la comunidad. Comuníquese antes de la revisión y pregunte si puede hacer una declaración oral. En todo caso, deje un número de teléfono y pida que le informen cuando se tome la decisión de revisión.

Muchas cárceles y prisiones ya han incorporado un sistema de notificación electrónica que se comunica con usted en forma automática cuando se ha propuesto algún cambio en el estado del delincuente. Esto simplifica la notificación porque es automática. No obstante, no recibirá ninguna llamada, a menos que figure en el sistema. Si este servicio (muchos se llaman sistemas VINE) esté disponible para usted, los proveedores de asistencia para víctimas que colaboran con usted sabrán cómo puede registrarse.

Casos contra menores de edad

En la mayoría de los estados, las audiencias para menores no están abiertas al público, ni siquiera para los familiares de la víctima. Los expedientes de casos contra menores son cerrados. Sin embargo, las víctimas de los delincuentes menores de edad están contando cada vez con mayor frecuencia con muchos de los mismos derechos que tienen las víctimas de los delincuentes adultos. Si el delincuente de su caso es un menor de edad, consulte inmediatamente sus derechos como víctima. Puede hacerlo poniéndose en contacto con su proveedor de asistencia para víctimas de la agencia del orden público o de libertad condicional para menores de edad.

Otros recursos
Envío de cartas

El envío de cartas debe darse después de cada interacción que tenga con el sistema de justicia penal. Dado que las conversaciones pueden olvidarse, no documentarse o malinterpretarse, siempre es recomendable hacer un seguimiento mediante una carta. Puede evitar que un fiscal o funcionario a cargo de períodos de prueba o libertad condicional diga "No me acuerdo lo que dijo usted..." o "Jamás me lo informaron".

La Liga de Mujeres Votantes (League of Women Voters) sugiere que, mientras piensa en cómo escribir una carta, tenga en cuenta la oración "quiere que usted haga _____ porque". Darle a sus inquietudes este formato le ayudará a que sus cartas sean claras y persuasivas. Use oraciones y párrafos breves. Use verbos de acción tales como "instar" antes que "desear". Sea amable y respetuoso.

Jamás le escriba una carta al juez hasta que el delincuente haya sido declarado culpable. Las Declaraciones de impacto sufrido por las víctimas se envían a la fiscalía y al departamento de probatoria, quienes las presentarán ante el juez en el momento indicado para la audiencia o juicio de determinación de sentencia.

La prensa

Si el asesinato de su ser querido causó sensación o si el caso penal es único, puede que la prensa esté interesada en presentarlo en forma escrita o durante una transmisión. Es su derecho elegir hablar o no con los medios. Si decide hacerlo, es mejor que se ponga en contacto primero con el fiscal. Usted no querrá perjudicar el caso de ninguna manera con lo que diga en público. A veces, una publicidad excesiva puede dar lugar a un cambio de ubicación (cambio de sede) para el juicio. Las comunicaciones con la prensa durante un juicio pueden dar lugar a un juicio nulo, en especial si el jurado es del tipo que debe permanecer aislado de la prensa y la exposición pública (se les mantiene juntos día y noche para evitar ser influenciados por otros o por lo que lean o vean por televisión).

Si el fiscal le da permiso para hablar con la prensa, asegúrese de que tenga los datos claros y de que se refiera al procesado como el "acusado" o el "supuesto criminal" hasta la condena. El procesado no es un criminal o un delincuente hasta que el tribunal tome la decisión a través de un veredicto de culpable. Si habla con el reportero de un periódico, usted puede pedir que el reportero se comunique y que le lea el artículo antes de que se lo pase al editor, pero la mayoría de los reporteros no hará eso. El motivo es que pierden el control de su artículo una vez que pasa al editor, por eso no es probable que se publique como versión final tal como se lo presentara originalmente. Si usted siente que hay errores mayores o datos incorrectos, podrá llamar al reportero o a su supervisor, pero la mayor parte de las veces, no es culpa del reportero.

Recuerde: siempre está en su derecho rechazar una entrevista con la prensa o pedir a los reporteros que si tienen alguna pregunta que se dirijan al fiscal a cargo del caso. Evitar las preguntas de los medios hasta después del juicio es, en general, la mejor política.

Una estrategia efectiva para manejarse con los medios es pedir ayuda a un proveedor de asistencia para víctimas (o un familiar o amigo) que tenga experiencia con la prensa y que actúe como su vocero o representante ante la prensa. Una vez contactado, ponga un mensaje en su contestador automático donde indique que todas las llamadas de la prensa serán dirigidas a dicha persona. Use un identificador de llamadas y no atienda el teléfono, a menos que se trate de alguien a quien conozca y con quien desee hablar. Su representante de prensa filtrará las llamadas y sólo se comunicará con usted cuando sea necesario para ver si usted elige responder a alguna consulta. Si es así, le ayudará a redactar una respuesta. El proveedor de asistencia para víctimas de la fiscalía puede ayudarlo a encontrar un vocero.

Procedimientos de revisión ética

Cuando la calidad de los abogados en una fiscalía típica es alta, hay procedimientos de revisión disponibles en la mayoría de las jurisdicciones para investigar la conducta de los individuos si siente que no han obrado de acuerdo con la ética durante el manejo de su caso.

La mayoría de los estados tiene grupo de investigación nombrado de manera similar por un Consejero de la Fiscalía para investigar quejas sobre los fiscales. Las asociaciones de abogados locales y estatales tienen procedimientos para investigar las denuncias y tomar las medidas necesarias. La Suprema Corte del Estado puede inhabilitar o reprender a los abogados en muchos estados.

La mayoría de estados tienen Comisiones Judiciales de Conducta para investigar malas conductas judiciales. La oficina del Procurador General del Estado investiga las malas conductas profesionales por parte de empleados del Estado. Si usted recurre a estos medios, asegúrese de tener los datos claros antes de presentar una denuncia.

Conclusión

Convertirse en un participante activo del sistema de justicia penal puede sumar estrés a su duelo. Puede decidir que no está en condiciones de afrontar esto y optar por dejar que la justicia siga su propio curso sin su participación. Por otro lado, involucrarse en su caso puede ser un componente esencial en su peregrinaje emocional para estar mejor.

Algunos sostienen que, independientemente del resultado, participar del sistema de justicia penal les da una sensación de integridad. No aliviará su duelo ni borrará la huella que dejó el asesinato de su ser querido en su vida, pero puede darle una sensación de logro y el conocimiento de que hizo todo lo que podía por su ser querido.

La resolución final del caso puede brindarle una perspectiva histórica que le permita concentrarse menos en el delincuente y más en sí mismo y el camino que debe transitar para sentirse mejor con respecto a la vida.

Lo que deseo recordar de este capítulo

Capítulo trece

ASUNTOS FINANCIEROS

"Aquellos primeros días después del asesinato de mi hija, recordé el sentimiento de que las personas solo deseaban dinero. A todos los lugares a donde íbamos, nos pedían dinero y a nadie parecía importarle por qué estuvimos ahí".

– *Wanda Lawendel Bincer, cuya hija y yerno asesinaron*

El desembolso financiero requerido cuando un ser querido ha sido asesinado puede hacer que se sienta injustamente tratado nuevamente. Es injusto que usted tenga que pagar la malicia o el acto negligente de alguien más tanto emocionalmente como financieramente. Este capítulo le brinda información sobre las fuentes de ayuda financiera luego de que un ser querido es asesinado. Sin embargo, no propone sustituir a un consejero financiero experimentado o un asesor legal.

Las deudas médicas finales, los gastos del funeral, gastos del viaje y teléfono y sueldos perdidos pueden parecer infinitos e insoportables. Si la persona asesinada era la fuente primaria del ingreso familiar, la ayuda financiera inmediata debe ser crítica.

Afortunadamente, los demás pueden ayudarlo con sus problemas financieros. Antes que todo, no dude en llamar a otros miembros de familia responsables, amigos confiables o un consejero financiero profesional. Usualmente estas personas están listas para ayudarlo, inclusive cuando a usted le parezca incómodo pedir ayuda. Si un amigo o familiar de confianza está dispuesto, pregúntele si puede manejar todas las deudas durante un tiempo. Estas deudas pueden parecer como otra ola de injusticia. Decida cuando usted esté listo para reanudar su responsabilidad por sus casos financieros.

El funeral

Para muchas familias, el simplemente pagar un funeral inesperado parece imposible. La mayoría de funerales cuestan más de $5000.

Los fondos de compensación para víctimas de crimen del estado están disponibles en la mayoría de estados para pagar o para ayudar a pagar el funeral de alguien que ha muerto como resultado de un crimen que no fue su culpa. Si la funeraria no conoce este programa, pídale que se comunique con el programa de ayuda víctimas del departamento local encargado del cumplimiento de ley o a la fiscalía para obtener información. Una vez que sabe que se le pagará, la mayoría estará dispuesta a realizar el funeral y el entierro. Además de pagar el funeral, los fondos de emergencia para la compensación para víctimas de crimen están disponibles en la mayoría de estados para ayudar a las víctimas con necesidades financieras inmediatas que pueden surgir antes de que se brinden los beneficios regulares. Si es necesario, también converse esto con el proveedor de ayuda a las víctimas. Si usted está postulando para los fondos de compensación para víctimas de crimen, es importante que usted presente un archivo y mantenga los recibos de todos los gastos que están relacionados al crimen. Sólo se le reembolsará por los gastos en los que tenga recibos.

Documentos

Un siguiente paso importante es ubicar el testamento, políticas del seguro, fidecomisos, declaración fiscal, chequera e información sobre acciones, bonos y bienes raíces pertenecientes a la víctima. Si tiene acceso, revise los escritorios, archivadores y cajas de seguridad.

Para completar las solicitudes de numerosas reclamaciones de recuperación financiera luego de la muerte, solicite al menos doce copias originales del certificado de defunción legalizado de la funeraria. Si su cónyuge fue asesinado, se le solicitará también que presente copias de la licencia de matrimonio, tarjetas de seguro social de todos los miembros de familia, certificados de nacimiento de niños menores y papeles de dada de alta militar.

Dinero en efectivo

La forma más fácil de acceder al dinero en efectivo es desde las cuentas corrientes y de ahorros, fondos del mercado monetario, certificados de depósito, fondos mutuos, acciones y bonos. Sin embargo, sea consciente de que las sanciones pueden imponerse si utiliza el dinero prematuramente. Si el fallecido tiene un corredor de bolsa o un consultor financiero que maneja todos estos fondos, usted será afortunado por que él o ella puede ayudarlo a resolver opciones más sensatas.

Todos los bancos en los que su ser querido tenía cuentas deben ser notificados después de su muerte, pero nadie tendrá acceso a estas cuentas hasta que se seleccione un administrador. Si los cónyuges tienen una cuenta mancomunada, el cónyuge sobreviviente puede tener acceso hasta cierta cantidad. Si la cuenta mancomunada tiene una buena suma de dinero, se puede firmar una renuncia para acceder al dinero. Los nombres en la cuenta mancomunada ahora necesitarán ser cambiados al nombre del viudo o de la viuda.

Una caja de seguridad alquilada conjuntamente o a nombre del fallecido, es sellada al momento de la muerte. Las solicitudes para acceder a las políticas del seguro u otros documentos legales en la caja de seguridad, deben ser firmadas y atestiguadas.

Seguro social/Beneficios para veteranos

Estos beneficios están disponibles para que los sobrevivientes reemplacen, en parte, las ganancias perdidas de la familia cuando el familiar que gana el sueldo fallece. Usted debería postular a los beneficios de sobrevivientes de inmediato debido a que, en algunos casos, los beneficios serán pagados al momento que postule y no desde el momento en el que muere el ser querido. El sitio Web *www.socialsecurity.gov*, es un recurso valioso para obtener información sobre todos los programas de Seguridad social. Usted también puede hacer una llamada gratuita al *1-800-772-1213,* donde el personal puede responder sus preguntas específicas y brindarle información mediante un servicio telefónico automatizado las 24 horas del día. Si usted es una persona sorda o hipoacúsico, puede llamar al número TTY *1-800-325-0778*.

Puede postular por teléfono o en una oficina del seguro social. La oficina más cercana estará indicada en su guía telefónica. Si su ser querido era un veterano, la oficina de administración para veteranos más cercana a su hogar será indicada en su guía telefónica o también puede llamar al *1-800-827-1000*. Estas agencias necesitarán los siguientes documentos originales o copias certificadas por la agencia que los emita:

- Prueba de muerte—bien sea de la funeraria o un certificado de defunción;

- Su número de seguro social, así como el de la persona fallecida;

- Su certificado de nacimiento;

- Su certificado de matrimonio, si usted es una viuda o viudo;

- Sus papeles de divorcio, si usted está postulando como una viuda o viudo divorciado;

- Números del seguro social del niño dependiente, de estar disponible;

- Formularios W-2 del trabajador o declaración de impuestos de negocio propio federal por la mayoría del año reciente; y

- El nombre de su banco y número de cuenta para que sus beneficios puedan ser depositados directamente a su cuenta.

Si usted está obteniendo los beneficios como esposa o esposo, basándose en el trabajo del cónyuge, cuando usted reporte la muerte, la agencia cambiará sus pagos a los beneficios del sobreviviente. Si la persona que fue asesinada ya estaba utilizando beneficios y entonces llega un cheque a su casa escrito para él o ella luego de su muerte, usted debe devolver el cheque. Si está hecho para el fallecido y para usted conjuntamente, puede llevarlo a la oficina más cercana y se lo van a estampar para que obtenga dinero del mismo.

Políticas de seguro médico y de vida

El dinero del seguro de vida y beneficio de muerte, a favor de un beneficiario en específico, debe estar disponible de forma inmediata y automática para el beneficiario, inclusive si las primas no son pagadas después de la muerte. Sin embargo, las demoras son comunes, especialmente si el suicidio aún está siendo considerado como causa posible de la muerte.

Lea cada política cuidadosamente antes de presentar una reclamación. Algunas políticas del seguro de vida incluyen beneficios de indemnizaciones dobles o triples si el asegurado muere catastróficamente. Muchas políticas pueden incluir una "Cláusula de Incontestabilidad" que establezca que la compañía de seguros no pueda discutir la validez de una política después que ha estado en vigencia durante un periodo específico.

Revise en todos los lugares donde los registros del fallecido hayan sido almacenados para asegurarse de que todas las políticas sean ubicadas. Contacte al abogado de la familia, consultor financiero, banquero, contador y empleador. Millones de beneficios del seguro no son cobrados todos los años porque nadie conocía las políticas. Además de las políticas relacionadas al empleo, algunos sindicatos y organizaciones profesionales ofrecen un seguro de vida de grupo y/o seguro de salud a sus miembros. Examine cuidadosamente las políticas del seguro de salud y hospital para asegurarse de que sepan como presentar una reclamación de pago de los gastos médicos finales.

Si la persona asesinada o lesionada estaba en un accidente vehicular, el seguro del automóvil del conductor debe pagar la mayoría de las deudas médicas finales. El propio plan de cuidado de salud de la víctima debe tomar lo restante. Después de todas las políticas del fallecido han sido ubicadas y examinadas, notificadas a cada compañía de seguros sobre la muerte y la solicitud de los formularios de reivindicación apropiados. Luego revise cualquier otra política existente en los cuales el fallecido fue nombrado como beneficiario y cambie el nombre del beneficiario. Los nombres en las políticas de seguro de automóviles también necesitarán ser cambiados.

Beneficios del empleador

A veces, los miembros de familia sobrevivientes no conocen las políticas del empleador debido a que las políticas no están archivadas en casa. Comunique a los especialistas de beneficios en el departamento del personal del empleador de la víctima sobre todos los beneficios, licencia por enfermedad pagada, vacaciones acumuladas pagadas, bonificaciones no pagadas y la nómina final. Pregunte si es necesario que firme formularios y cuándo estaría recibiendo el dinero. Si el fallecido era cubierto por un plan de jubilación con fondos asignados del empleador, usted puede tener derecho a pagos mensuales o al pago de un pago único que puede ser entregado en una cuenta de jubilación individual (IRA, por sus siglas en inglés). Los beneficios de muerte de los planes 401(K) o 401(b), renta vitalicia con refugio fiscal o plan de pensiones para profesionales autónomos (trabajador autónomo) son pagados normalmente fuera del pago único o pueden ser transferidos a una IRA libre de impuestos por parte del cónyuge sobreviviente. Los otros beneficios están sujetos a impuestos.

Si los dependientes son cubiertos por una política de seguro de salud del fallecido, determine cuánto tiempo continuará la cobertura. Si la cobertura no continúa hasta después de cierta fecha, pida opciones para la continuación de la política para los dependientes bajo la ley

Federal de Reconciliación del Presupuesto Colectivo Consolidado (COBRA, por sus siglas en inglés.) Generalmente COBRA aplica solo para las compañías con 20 o más empleados. Usted debe postular a estos beneficios extendidos dentro de los 60 días, así que la fecha que elija es importante. La cobertura de salud de grupo para los participantes de COBRA es normalmente más caro que la cobertura para empleados activos, desde que el empleador generalmente paga parte de la prima para los empleados activos mientras que los participantes de COBRA pagan ellos mismos toda la prima. Aunque normalmente es menos caro que la cobertura de salud individual. Puede saber más sobre COBRA en www.dol.gov/ebsa/faqs/faq_consumer_cobra

También compruebe con los ex empleadores del fallecido si hay beneficios, tales como las políticas de pensiones o seguros de vida comprados mientras estaban disponibles para los sobrevivientes.

Si el cónyuge sobreviviente es contratado, sus políticas también serán revisadas. El fallecido también pudo haber sido cubierto por esas políticas. Después de que todas las reclamaciones sobre la muerte hayan sido completadas, un nuevo beneficiario será nombrado. En el caso que se necesite, revise todas las políticas de salud para comprobar si la terapia de salud mental es pagada.

Obtenga la aclaración de su propio empleador sobre como su tiempo fuera de la oficina será documentado y pagado. Puede que usted necesite tiempo libre del trabajo para poder visitar a los abogados, asistir a las audiencias del tribunal y atender a los innumerables problemas que puede lidiar solo durante el día. Pregunte si se requiere una citación en caso de que programe asistir al tribunal o si usted será sancionado por ausentarse del trabajo.

En la mayoría de los estados, la familia de un empleado asesinado en el trabajo tiene derecho a los beneficios de compensación del trabajador. En caso la muerte haya sido en el trabajo, investigue sobre esto a través de su empleador.

Intervención del acreedor

La muerte no anticipada de un miembro de la familia casi siempre requiere que las deudas en curso sean colocadas a un lado mientras que los gastos inmediatos son pagados. Mientras esto puede ser difícil, es importante contactar a los acreedores del fallecido vía telefónica y decirles lo que ha sucedido. Revise todos los contratos de préstamos, de hipotecas y de tarjetas de crédito para ver si hay una cláusula que esté dirigida al pago del saldo en caso de muerte. El lenguaje común de estos fondos es seguro de vida hipotecario o seguro de desgravamen. Si estos beneficios son identificados, notifique al acreedor inmediatamente y solicite formularios de reclamación.

Después, enumere a todos los acreedores, sus direcciones y la cantidad debida. Luego, considere la cantidad restante después del pagar los gastos inmediatamente. Determine cuánto ingreso en curso y pagos únicos se esperan. Sea precavido al aceptar liquidaciones de seguro inadecuadas por temor a enfrentar a los acreedores.

De estas cifras, determine cuánto, si fuera el caso, debe pagar en deudas en un futuro cercano. Escríbale a cada acreedor. Explique lo que ha sucedido e informe a la compañía sobre el monto que puede pagar cada mes y cuándo se espera que se realice el pago. Exponga que usted está proponiendo una nueva programación de pagos que encajarán tanto en sus necesidades como en las del acreedor y que si no se le presenta lo contrario, asumirá que el acreedor acepta el plan que usted ha presentado. Haga copias de estas cartas para sus archivos.

En caso donde las cuentas están juntas, informe a los acreedores que el nombre en la cuenta ahora debe ser cambiado a su nombre. El cónyuge sobreviviente no asumirá la responsabilidad solo por las tarjetas de crédito en nombre del cónyuge fallecido. Las compañías de tarjetas de crédito son persistentes al solicitar a los viudos y viudas que firmen las deudas de sus cónyuges como si fueran las de ellos.

En algunos casos, los fondos de emergencia están disponibles para poder pagar las deudas. Si se completan las solicitudes, los servicios públicos tales como las compañías de luz, gas o agua pueden extender el crédito.

En el caso que un propietario no sea cooperativo, llame a sus oficinas de la ciudad y pregunte por el departamento que controle las relaciones con el propietario/arrendatario. Solicite una copia de las normas o pida tener acceso a ellas por Internet. La mayoría de los servicios de ayuda legal también tienen resúmenes de estas normas.

El acreedor tiene la ventaja de trabajar fuera de la programación de pagos, para que al final de cuentas se le pague. También está en contra de la ley en la mayoría de estados que un acreedor acose o intimide a un deudor. Si el acreedor se rehúsa a aceptar el plan de pago, escriba otra carta y envíele una copia a su abogado. Si eso falla, pida al servicio de ayuda legal o a su abogado, contratado por horas, que intervenga en su representación.

Beneficios del seguro de automóvil

Las prácticas del seguro difieren en cada estado. Si vive en un estado con seguro independiente de culpabilidad, los costos son cubiertos por la política de cada individuo involucrado en el accidente. Esto se respeta aun así el conductor haya estado manejando el vehículo de alguien más. Revise su Código de Seguridad de estado en Internet o llame a su Comisión de Seguro del estado en el Capitolio del estado durante el tiempo de cobertura definido y límites de dinero. Además a los beneficios de muerte, beneficios de propiedad, beneficios médicos y costos del funeral, investigue sobre el uso de alquiler de autos, pérdida de sueldo, costos de reposición por servicios tales como cuidado del niño y trabajo doméstico y beneficios de la terapia de salud mental.

Si los miembros de familia son lesionados pero sobreviven, investigue sus sueldos perdidos, gastos de rehabilitación y servicios de reposición tales como beneficios médicos.

En un estado con seguro independiente de culpabilidad, si el conductor del un automóvil fue el responsable del accidente y tiene un seguro de responsabilidad civil, usted probablemente reciba los beneficios de la compañía de seguros de responsabilidad civil. Las condiciones de elegibilidad varían basándose en las leyes de seguridad en cada estado.

Si el conductor responsable del accidente no tiene un seguro de responsabilidad al momento del accidente, usted puede ser elegible para recibir los beneficios de las provisiones de la política del fallecido para un conductor no asegurado o subasegurado. Nuevamente, las leyes del seguro de cada estado y las especificaciones de la política definirán esa elegibilidad.

Los agentes del seguro se le acercarán justo después del accidente. Las decisiones hechas en esa época, pueden tener consecuencias financieras trascendentes. Sea precavido:

- Si elige quedarse con un abogado civil (Puede ser uno de los que se especializan en casos de homicidio culposo), remita a todos los representantes del seguro al abogado. Esto incluye al liquidador de su propia compañía de seguros.

- Si elige manejar la reclamación por su cuenta, asegúrese de conocer a la compañía del liquidador con el cual está tratando. Si un liquidador va a su hogar, pídale una tarjeta de presentación. Si el lenguaje del liquidador es confuso, dígaselo. Aún cuando usted puede elegir discutir el caso, es prudente no dar declaraciones firmadas o registradas hasta que esté absolutamente seguro de lo que está firmando.

- Sea completamente competente y consciente cuando discuta el caso con un liquidador de seguros. El duelo puede hacer que se sienta paralizado y confundido. Eso hace que su memoria falle. Si usted no es capaz de discutir el caso racionalmente con el liquidador, pídale que vuelva en otro momento. Es una buena idea tener una persona confiable con usted cuando discuta estos problemas.

- Conserve los reportes del accidente, estimados de las reparaciones, deudas médicas y funerarias, y copias de cartas relacionadas a la liquidación del seguro en un seguro de vida por separado.

- Tenga varios estimados en daños al vehículo antes de liquidar los daños a la propiedad. Estos pueden ser obtenidos en talleres de chapa y pinturas o comerciantes de automóviles. Si usted tiene varios estimados, puede negociar la oferta del asegurador.

- Obtenga copias de todas las deudas médicas antes de liquidarlas en daños médicos o lesiones corporales. Si los demás en su familia han sobrevivido al accidente, es muy importante conocer toda la extensión del tratamiento de las lesiones y pronósticos para el tratamiento antes de hacer una liquidación final. Esto puede tomar meses. Mantenga un registro diario de efectos adversos al accidente, incluyendo el impacto psicológico. Asegúrese cuando los médicos escriban las evaluaciones médicas, ellos comprenden la descripción del antiguo trabajo de la víctima, antecedentes de trabajo y nivel educativo.

- Mientras usted discute la liquidación del seguro, la compañía puede alterar su oferta. Solicite una copia de cada oferta de liquidación por escrito para evitar confusión o información contradictoria. No necesita ser una carta formal a computadora, pero puede ser escrita a mano, firmada y fechada por la persona que realiza la oferta.

- El liquidador puede o no ser capaz de informarle sobre sus derechos de reclamación basándose en una ley legislativa de seguro, ya que los liquidadores de seguros no tienen grados legales. Usted puede pedir una copia por escrito de los derechos de reclamación en su estado. Asegúrese de conocer el estatuto de limitaciones por acciones de lesiones personales y daños de propiedad en su estado. Si desea puede consultarle esta información a un abogado que cobra honorarios por hora.

Si usted cree que el liquidador de reclamación no lo trata apropiadamente comuníquese con su supervisor. Si no es satisfactorio, escriba una carta personal y confidencial al presidente de la compañía de seguros, describiendo su experiencia. También puede comunicarse con su Comisión estatal de seguro o el Consejo estatal de Seguro. Todas las compañías de seguro legítimas son reguladas por las Comisiones estatales de seguro de los estados que venden el seguro. Contacte a la centralita en su Capitolio estatal para obtener el número telefónico o usar el navegador en su computadora para encontrar su sitio Web. Todas las comunicaciones por teléfonos o comunicaciones personales sobre su queja deben ser seguidas por una carta por escrito que resuma la comunicación.

En la mayoría de los estados, se requiere por estatuto que las compañías de seguros actúen de "buena fe". Esto significa que si las reclamaciones son injustificadamente negadas, si las reclamaciones válidas no son pagadas apropiadamente o si las familias son obligadas a liquidar menos de lo que les pertenece, este comportamiento incrementa un trayecto de acciones en contra de la compañía de seguros. Los daños excesivos también pueden ser recuperables bajo la prueba de malicia expresa, fraude u opresión, normalmente conocidas como "conductas indignantes". A veces, una víctima es forzada a demandar su propia compañía de seguridad.

Seguro del propietario o locatario

Su seguro de propietario o locatario probablemente puede cubrir las propiedades del hogar o si es un accidente vehicular, desde el vehículo, incluyendo equipajes, bolsos o vestimentas dañadas. Sin embargo, estos artículos, probablemente estén sujetos a un deducible. Contacte a su asegurador para saber cómo postular al reembolso. Normalmente se requiere una lista detalla de artículos perdidos o dañados, su tiempo y precio de compra aproximado.

Seguro de responsabilidad civil

Si el delincuente tiene una política de responsabilidad civil, pagará por los daños que se extienden más allá de los límites de responsabilidad del propietario, locatario o de las políticas del sector automotriz. Normalmente estas políticas tienen una cobertura máxima de 1 millón de dólares, pero puede que tenga que presentar una demanda para obtener el dinero.

Juicios civiles por homicidio culposo

Si la persona responsable de la muerte de su ser querido tiene un ingreso o activos considerables los cuales son recuperables o si la compañía de seguro de responsabilidad civil no ha ofrecido la liquidación justa por una reclamación, considere presentar un juicio civil por homicidio culposo.

Las acciones civiles son separadas del caso criminal. Mientras que el estado brinda a un fiscal para que revise el caso criminal, usted puede contratar a un abogado para un proceso civil. No espere que algún abogado asesore en otro juicio, aunque pueden interesarse en otro caso en lugar de mejorar el suyo. Las acciones civiles dependen en gran parte en la forma en que la muerte ocurrió y en cómo han incurrido los gastos financieros. Normalmente lo primero en lo que piensa es en la recuperación de los gastos médicos, del funeral y de la propiedad. La recuperación financiera puede ser posible para otros daños, tales como pérdida de sueldos en el pasado y en el futuro, incluyendo los beneficios de jubilación y el sufrimiento pasado y futuro. En algunos estados, si uno de los cónyuges es asesinado, el otro cónyuge puede ser demandado por la pérdida del consorcio conyugal (cambio en una relación). En algunos estados también se permiten las indemnizaciones por daños y perjuicios y dinero adicional para sancionar al delincuente.

Si una entidad pública, como el gobierno de la ciudad, del condado y del estado, es responsable de alguna forma de la muerte a través de la comisión o negligencia, también puede ser posible para ésta obtener la recuperación financiera. Tradicionalmente, los gobiernos han sido exentos de los juicios civiles. Referido como "desafíos de inmunidad soberana", los tribunales de apelación en un número de jurisdicciones ahora son responsables de acciones como de la libertad condicional inapropiada, supervisión de libertad condicional inadecuada y fracaso al arrestar al conductor ebrio que luego mató a alguien.

En los casos de manejo en estado de ebriedad y los estatutos y casos de "bar" la ley hace que se demande al establecimiento de bebidas alcohólicas que animó negligentemente a una persona intoxicada a seguir bebiendo o atendió a una persona menos de veintiún años en caso esa persona dañe o mate a otra persona.

Para buscar cualquiera de estas fuentes de recuperación financiera, usted necesitará contratar un abogado civil. Tome en consideración la siguiente información:

- Comparar precios. Pregúntele a otras familias en situaciones similares a quienes contrataron y su nivel de satisfacción. Entreviste más de un abogado antes de tomar una decisión. Mientras realiza la entrevista, pregunte qué tipo de casos manejan, cómo se encargaron del mismo y qué pensaron sobre su caso. Dígales que luego tomará la decisión de contratar los servicios de un abogado. Sin embargo, recuerdo que el grado de éxito que el abogado tiene en conseguir un resultado completo y justo, depende mayormente en investigar el caso con prontitud después de la muerte.

- Busque un abogado que concentre un porcentaje importante de su práctica en lesiones personales y casos de homicidio culposo. Si contrata otro tipo de abogado, cuando usted observe al contrato revise si requieren honorarios adicionales en caso contrate un abogado adjunto.

- Pregunte si el abogado tiene más experiencia representando al demandante o al acusado. Pregunte cuál es el porcentaje de los casos que ha ganado y el porcentaje de los que fueron resueltos extrajudicialmente. Esto le ayudará a analizar cuánta experiencia en la corte tiene el abogado, lo cual es importante. Sin embargo, la gran mayoría de demandas son resueltas extrajudicialmente y no van a juicio.

- Pida una explicación, en términos que usted pueda entender, de las leyes en su estado que estén relacionadas en su caso, incluyendo el estatuto de limitaciones. Este límite de tiempo de presentación varía por estado de seis meses a seis años.

Pida un resumen por escrito sobre los méritos del caso según como el abogado vea ese punto. Luego, esto prevendrá la confusión. Sin embargo, sea escéptico ante un abogado que promete resultados seguros. Los casos herméticos simplemente no existen.

- Asegúrese de comprender la programación de los honorarios. ¿El empleado requiere un anticipo por honorario para investigar el caso? ¿El abogado trabaja en una base de contingencia (se le paga a la empresa un porcentaje del monto del juicio)? ¿El abogado hace cualquier trabajo en un índice de horas? ¿El abogado requiere un pagaré como seguridad por honorarios? Si maneja su caso en una base de contingencia ¿el porcentaje va a diferir si es resuelto extrajudicialmente, si va a un juicio o si va a apelar? ¿A usted se le facturará por los gastos extra (honorarios del tribunal, honorarios de deposición) mientras pasan o se acumularán desde la liquidación o en el juicio? ¿Si pierde el caso, aún debería los costos y honorarios?

- Honorarios de negociación, realizados en buena fe de forma honesta, son aceptables y legales profesionalmente en la mayoría de los estados. Si la ley estatal regula los porcentajes, el abogado le debe explicar el estatuto.

- De ser negociable, usted puede desear discutir un honorario por horas por el trabajo realizado en la recuperación de los daños actuales y en el índice de contingencia que disminuye mientras que la cantidad de recuperación por indemnización de daños y perjuicios incrementa. Si no hay ninguna disputa importante en la responsabilidad o daños, y solo el seguro es recuperable, un honorario de contingencia puede ser más justo por las horas involucradas. Por lo tanto, el abogado puede trabajar por horas por su recuperación de seguro.

- Asegúrese de que el contrato de trabajo para contratar al abogado incluya la programación de honorarios, que esté completo, que sea específico y comprendido claramente antes de firmarlo.
- Pídale al abogado copias de toda la correspondencia relacionada a su caso y solicítele que instruya al acusado y/o

compañía de seguros para que realicen todas las ofertas para la liquidación por escrito.

- Solicite que las cuentas por los servicios sean detalladas y que coincidan con el acuerdo de honorarios.

- Pida recibos que indiquen el pago y el propósito del pago cada vez que usted le pague a su abogado.

Si usted presta el cuidado al escoger a su abogado, probablemente esté satisfecho con los servicios. La negligencia en los casos civiles es sumamente compleja y abierta a una variedad de interpretaciones y estrategias. Esta pequeña discusión no puede brindar suficiente información para comprender la complejidad de su caso en particular. Sólo su abogado puede hacerlo. A veces es imposible para los abogados dar opiniones claras y concisas sobre sus casos.

Si usted no está satisfecho, debe discutir sus preocupaciones con su abogado. Si no puede llegar a una relación satisfactoria, el abogado puede ser despedido. A ese punto de despido, el abogado tendrá derecho a un honorario por los servicios prestados de acuerdo con los términos del contrato de trabajo.

Si usted sospecha que la conducta de su abogado no es ética, puede presentar una queja con el colegio de abogados. El tribunal supremo estatal también puede expulsar o censurar a un abogado por conducta no profesional. Si usted desea tomar acción legal en contra de su abogado, asegúrese de sus propios hechos.

Si gana un caso civil o liquida favorablemente, programe cuidadosamente cómo usted usará el dinero para evitar los impuestos excesivos. Si se recibe un pago único grande, inviértalo de forma prudente. Puede que desee colocarlo temporalmente en una cuenta que devenga intereses, mercado monetario u otro tipo de cuenta segura pero accesible hasta que pueda consultarlo con un asesor financiero. Eventualmente, puede que usted desee considerar invertir a largo plazo en acciones, bonos y planes de jubilación con impuestos diferidos o en IRA.

Mientras más extenso sea el juicio o la liquidación, es más probable que el delincuente le ofrezca una liquidación estructurada de quizás un pago mensual durante un periodo de tiempo. Mientras que los daños reales, tales como costos médicos, gastos del funeral, sueldos perdidos, el dolor y sufrimiento no son gravados, la indemnización por daños y perjuicios si lo es. Debido a que las implicaciones de impuestos pueden ser tan complicadas, sería pertinente consultar a un abogado en temas fiscales o asesor financiero para que le ayude a tomar la mejor decisión.

Bancarrota

La ley de bancarrota siempre ha sido compleja, pero se hizo más compleja aún el 17 de octubre de 2005, cuando las nuevas leyes de bancarrota entraron en vigencia. A veces los abogados civiles les dicen a sus clientes prematuramente que no hay ningún valor en presentar un juicio civil en contra del delincuente, por que, aun así parezca responsable, probablemente se declare en bancarrota para evitar el pago. Puede como no puede ser verdad. Ahora es más difícil que antes calificar para declararse en bancarrota. Además, los cambios han tenido lugar para asegurarse de que los criminales en prisión, incluyendo los conductores ebrios, no puedan declararse en bancarrota a nivel personal bajo los Capítulos 7 y 13 del Código federal de bancarrota simplemente para evitar pagar los juicios civiles o para no pagar la resolución criminal.

Los bares y restaurantes demandados por irresponsabilidad al atender a aquellas personas intoxicadas o aquellos que no cumplen con la mayoría de edad (veintiún años) para tomar bebidas alcohólicas, aún pueden declararse en bancarrota corporativa bajo el Capítulo 11.

Si su abogado civil le sugiere que el delincuente puede declararse en bancarrota, pídale que consulte con un abogado de quiebra calificado. El colegio de abogados de América y la mayoría de colegios de abogados estatales tienen secciones de bancarrota que pueden referirle a abogados calificados.

Compensación de la víctima del crimen.

Al principio de este capítulo, se sugería a las familias que tienen problemas con los gastos del funeral que le pidan al director del funeral información sobre los beneficios para víctimas de crimen del programa estatal para víctimas del crimen. Todos los estados, el distrito de Columbia y las Islas Vírgenes tienen programas de compensación de víctimas de crimen que reembolsan a las familias víctimas de un crimen para gastos en efectivo que no son de la propiedad. Estos fondos son para las víctimas cuyos beneficios de empleador, seguros y de recuperación civil no son posibles. Los beneficios además de los gastos del funeral incluyen los gastos médicos, sueldos perdidos y otras necesidades financieras que se consideraban razonables. En algunos estados, los dependientes son elegidos para beneficios de pago único. Todos los estados brindan terapia de salud mental para las víctimas lesionadas y la mayoría paga por terapias de los sobrevivientes de alguien asesinado.

Debido a que algunas normas varían de un estado a otro, es sensato llamar al programa de ayuda a víctimas del departamento de policía de la fiscalía o un grupo local de la víctima tales como Madres en contra de conducir en estado de ebriedad (MADD, por sus siglas en inglés) o Padres de niños asesinados y solicitar una solicitud de compensación a la víctima del crimen. Si usted aún no está disponible para aprender sobre el programa llame a la centralita del Capitolio de estado y pida conectarse al programa. O usted puede escribir "Compensación (estatal) de víctimas del crimen" en el navegador de su computadora y saber sobre el programa y descargar la solicitud.

En todos los estados, el crimen debe ser reportado a la policía dentro de tres a cinco días, la víctima no debe haber sido contribuida al crimen y la familia de la víctima debe cooperar con los funcionarios en investigar y sancionar los casos. Sin embargo, inclusive si el caso no es sancionado aún puede postular para los fondos.

Se espera que presente sus deudas o recibos para la solicitud. A excepción de la concesión de emergencia, las solicitudes toman semanas o meses para procesar, así que los procedimientos de solicitud deben ser iniciados lo antes posible. Luego se puede presentar las facturas adicionales. Si su reivindicación es negada o cree que la concesión es inadecuada, usted tiene el derecho de apelar.

Los costos relacionados al crimen pueden ser reembolsados hasta el nivel máximo en cada estado. Estos rangos máximos normalmente son de $ 10.000 a $ 25.000, aunque algunos estados tienen cantidades máximas más altas o más bajas. Si usted acumula la compensación y luego acumula los fondos de seguros o gana un juicio civil, se requerirá que le pague la compensación al estado.

Indemnización

La indemnización es dinero o son servicios brindados por el tribunal criminal para que el delincuente pague directamente a la víctima o a la familia sobreviviente luego de una condena final. El propósito de la indemnización es que el delincuente sea responsable personalmente de su crimen e indemnice, en parte, la pérdida de la víctima.

Las solicitudes de indemnización de la víctima pueden cubrir los gastos médicos y funerales, sueldos perdidos u otros gastos en curso considerados razonables por el tribunal. Las solicitudes para la indemnización deben ser acompañadas por las deudas o recibos y deben ser presentadas al juez del Tribunal criminal a través del fiscal o del departamento de libertad condicional antes de la audiencia de la sentencia. Las solicitudes de indemnización normalmente son adjuntadas en una investigación antes de la sentencia (PSI, por sus siglas en inglés) y son preparadas por el departamento de libertad condicional.

Mientras que la indemnización criminal es un concepto sólido, no es rápida ni tiene una fácil solución al estrés financiero. Es dependiente bajo la condena del delincuente, la cual pasa rara vez hasta meses o años después de que se ha cometido el crimen. A veces los delincuentes tienen un ingreso limitado para pagar la indemnización, especialmente si son enviados a prisión. Los procedimientos para el cobro de la indemnización del delincuente y para transferirlo a la víctima son pocas veces adecuados. Una vez que el delincuente esté fuera del sistema de justicia criminal (normalmente significa que está en libertad condicional), significa que ya no existe la vigilancia para el pago de la indemnización.

La mayoría de estados ahora requieren que la indemnización sea ordenada a menos que el juez establezca en el registro la razón para no hacerlo. Unos cuantos estados automáticamente adjuntarán un embargo preventivo civil para asegurar el pago después de que el caso criminal sea cerrado. En la mayoría de los casos, a menos que una indemnización de un pago único sea ordenada inmediatamente después de un juicio (el cual solo pasa si el delincuente tiene medios para pagar), las posibilidades de recibir de verdad una indemnización son escasas. El tribunal puede revocar la libertad condicional por falla al pagar la indemnización, pero el funcionario de libertad condicional del delincuente debe recomendarlo en el tribunal. Si no se paga la indemnización durante el tiempo en el que el delincuente deja el sistema de justicia criminal, el recordatorio puede convertirse en un juicio civil en algunos estados.

Servicios sociales del gobierno

Las familias con ingresos y recursos limitados que enfrentan la muerte de un ser querido, particularmente si ese ser querido era el que ganaba el sueldo, pueden ser elegibles para la ayuda de emergencia a corto plazo por agencias de servicio social del condado o del estado. Esta ayuda puede incluir los comprobantes del alquiler, utilidades, alimentos y medicinas, pero rara vez efectivo. Cuando asesinan a la persona que gana el sueldo, el pariente sobreviviente de un niño dependiente puede calificar para el Programa de Ayuda Temporal para Familias Necesitadas (TANF, por sus siglas en inglés), comúnmente conocida como una ayuda social. TANF es un programa de ayuda mensual en efectivo para familias pobres con niños menores de 18 años. Una familia de tres (madre y dos niños) puede calificar para TANF si sus ingresos brutos son menores a $ 784 mensuales y sus activos valen menos de $ 1.000.

Hay un límite de duración de cuatro años en la ayuda en efectivo. El trabajo es el mejor componente de TANF. Se requerirá que los adultos receptores con un niño mayor a 1 año participen en una actividad de trabajo. Estas actividades de trabajo ayudan a los receptores a ganar la experiencia necesitada para encontrar un trabajo y volverse autosuficientes. Las personas que creen que pueden calificar para TANF y sus programas afiliados deben postular en su Departamento estatal de Recursos Humanos o agencias equivalentes. Normalmente toman varias semanas el recibir un cheque o cupones de comida.

Un aviso final pero muy importante

Trate de abstenerse a tomar mayores decisiones financieras innecesarias hasta un año o más después de la muerte de su ser querido. Una vez que todos los beneficios de muerte hayan sido acumulados, usualmente es mejor dejar el dinero donde está a menos que pagar las cuentas sea muy importante. Especialmente tenga cuidado de los consejos de ventas de inversión que no solicitó de parte de personas que puedan contactarlo. Las decisiones sobre las revisiones importantes de su testamento, inversiones, mudanzas o ventas de propiedades, por ejemplo, son consideradas mejor después de que su vida haya sido ordenada un poco y después de que vuelva a tener su capacidad para pensar de forma racional y clara. Sin embargo, no espere mucho para volver a escribir su testamento para considerar los nuevos beneficiarios.

Lo que deseo recordar de este capítulo

Capítulo catorce

CONCLUSIÓN

Aproximadamente 2 millones de personas reciben la horrible noticia de que alguien amado ha muerto violentamente. Desafortunadamente, accidentes automovilísticos, ahogamientos, caídas, suicidios, homicidios, muertes en el ejército, y actualmente, ataques terroristas destruyen las vidas no sólo de familiares directos sino al menos otros diez parientes, colegas y amigos cercanos.

Morir y ser asesinado son cosas muy diferentes. Aquellos cuyos seres queridos han muerto de manera violenta no tienen tiempo para prepararse psicológicamente. No tienen la oportunidad de decir "Adiós", "Te amo" o "Lo siento". Hablar de etapas del duelo y la aflicción después de las muertes anticipadas simplemente no tiene sentido para estos sobrevivientes. Además de ser golpeados por la noticia de la tragedia, los hombres y mujeres, niños y niñas quedan perturbados por el hecho de que el cuerpo de su ser querido fue dañado gravemente durante el proceso. Eso duele profundamente aunque su fe pueda asegurarles que el espíritu de su ser querido ahora está en paz. Cuando una persona muere violentamente no pasa porque sí. Es culpa de alguien ya sea por su opción intencional o por negligencia. Este hecho tan difícil de comprender emocionalmente también arrastra a los miembros sobrevivientes a un sistema de justicia penal complejo y complicado. Muchas familias deben negociar con compañías aseguradoras y sus abogados procesales. Es posible que deban enfrentar crisis financieras de todo tipo desde pagar funerales inesperados hasta perder al sostén de la familia.

Una de las maravillas de la mayoría de los seres humanos es su tendencia básica inherente de recuperarse de los efectos del trauma. Sin embargo, la recuperación se da pocas veces, si es que ocurre alguna vez, completa después de que un ser querido ha sido asesinado sin sentido.

La pena, el enojo y la frustración con la injusticia por la causa de esa muerte causan dolor, el cual es tratable pero difícil de curar. El tiempo es un componente muy importante. El trabajo de un duelo traumático no puede ser exigido. Tiene que ser experimentado de a poco con el paso del tiempo.

Como familiar, amigo cercano o colega sobreviviente, está tratando de volver a concentrarse en la vida en vez de la muerte. Puede sentir que en este peregrinaje avanza un paso pero retrocede dos. Los espasmos de duelo pueden sorprenderlo por su frecuencia. Muchos quedan atónitos ante la irrupción del dolor cuando menos lo esperan.

Recuperación

Esperamos que este libro lo libere para poder expresar sus sentimientos, elegir cómo y cuándo trabajar para sentirse mejor y descartar sin culpa los consejos inútiles de aquellos que se preocupan pero no entienden.

Esperamos que las sugerencias ofrecidas lo ayuden a darse cuenta de que recuperarse significa hablar sobre lo que sucedió cuando desee hacerlo y con quien desee hacerlo. Algunas personas pueden evidentemente lastimarlo más que ayudarlo. Algunos no lo afectan de ninguna manera. Pocos saben escuchar y brindar apoyo, dando consejos solamente cuando se los pide. Pase la mayor cantidad de tiempo posible con esas personas.

Recuperarse significa ser paciente con usted mismo cuando el progreso es lento. Significa encontrar cosas positivas para hacer. Significa darse cuenta que algo bueno puede surgir entre las cenizas de la desesperación.

Brindar cuidado de manera exitosa a familias que deben soportar una muerte súbita requiere un espíritu y una gran cantidad de paciencia. Ayudar significa ser un buen interlocutor. Significa abstenerse de emitir juicios. Significa evitar clichés que intentan que la gente exprese sus sentimientos. Significa llegar de maneras tangibles, especialmente en días festivos y aniversarios. Significa hablar con cariño de los recuerdos del ser querido. Significa guiar a las víctimas asertivamente a través del proceso de justicia penal y asesorarlos financieramente si es necesario.

Sin embargo, y lo más importante es que esperamos que después de leer los comentarios de muchos familiares y amigos en este libro, los sobrevivientes que se han visto forzados a sentir este dolor que no pidieron y que ni se merecían, se sientan menos solos y más comprendidos. Ponerse en el lugar de un luchador en la misma situación tiene un poder de sanación propio. Saber que otra persona entiende algo de su viaje y que le importa sinceramente es un regalo para atesorar.

Notas:

Notas:

Notas:

Notas: